《2021绿色食品发展报告》
编 委 会

主　　任　张华荣

副 主 任　唐　泓　杨培生　陈兆云　张志华

委　　员　马乃柱　李显军　何　庆　李连海　余汉新　王华飞

主　　编　张华荣

副 主 编　张志华

执行主编　刘艳辉　张　宪　唐　伟

技术编审　马　雪　粘昊菲　宋　晓

参编人员　（按姓氏笔画排序）

刁品春　马　卓　王　敏　王多玉　王宗英　王俊飞

王雪薇　田　岩　丛晓娜　兰宝艳　乔春楠　刘青青

孙　辉　孙跃丽　杜海洋　杨　震　时松凯　沈光宏

迟　腾　张　月　张　侨　张　慧　张会影　张晓云

陈　倩　陈　曦　陈红彬　林园耀　赵　坤　赵　辉

赵建坤　郜维娓　修文彦　宫凤影　秦　芩　夏兆刚

栾治华　高继红　常　亮　常筱磊　盖文婷　雷秋园

穆建华

2021
绿色食品发展报告

重庆市忠县全国绿色食品原料（柑橘）标准化生产基地（创建期）

目　录
CONTENTS

第一篇

综　　述

手中有粮

中国饭碗

五常大米

黑龙江省五常市全国绿色食品原料（水稻）标准化生产基地

2021 绿色食品发展报告

第一篇 综 述

一、发展政策

2021 年是"十四五"开局之年，是开启全面建设社会主义现代化国家新征程的第一年。"十四五"是全面推进农业绿色转型和高质量发展的关键时期，绿色有机地标产业发展面临难得的机遇和良好的前景。

《中共中央　国务院关于全面推进乡村振兴加快农业农村现代化的意见》

（2021 年中央 1 号文件，2021 年 1 月 4 日）

意见强调：要推进农业绿色发展。加强农产品质量和食品安全监管，发展绿色农产品、有机农产品和地理标志农产品，试行食用农产品达标合格证制度，推进国家农产品质量安全县创建。

《国务院关于加快建立健全绿色低碳循环发展经济体系的指导意见》

（国发〔2021〕4 号，2021 年 2 月 22 日）

意见指出：鼓励发展生态种植、生态养殖，加强绿色食品、有机农产品认证和管理。

中共中央　国务院印发《知识产权强国建设纲要（2021—2035 年）》

（2021 年 9 月 22 日）

纲要指出：推动地理标志与特色产业发展、生态文明建设、历史文化传承以及乡村振兴有机融合，提升地理标志品牌影响力和产品附加值。实施地理标志农产品保护工程。

《农业农村部关于落实好党中央、国务院 2021 年农业农村重点工作部署的实施意见》

（农发〔2021〕1 号，2021 年 1 月 8 日）

意见指出：要强化农产品质量安全。创建 100 个国家农产品质量安全县，认定登记 1 万个绿色、有机、地理标志农产品，支持 200 个地理标志农产品发展。

农业农村部办公厅关于印发《农业生产"三品一标"提升行动实施方案》的通知

（农办规〔2021〕1 号，2021 年 3 月 15 日）

通知提出：积极发展绿色食品、有机农产品、地理标志农产品生产，推行食用农产品达标合格证制度。强化农产品认证和监管，完善绿色食品、有机农产品、地理标志农产品认证审核流程和技术规范，规范标志使用，加强相关风险监测和证后监管，稳步扩大认证规模，严格淘汰退出机制。打造一批绿色食品原料标准化生产基地和有机农产品生产基地。深入实施地理标志农产品保护工程，建设一批特色品种繁育基地和核心生产基地，挖掘保护传统农耕文化，推动地理标志农产品生产标准化、产品特色化、身份标识化、全程数字化发展。

中国绿色食品发展中心印发《绿色食品产业"十四五"发展规划纲要（2021—2025）》（中绿体〔2021〕145 号，2021 年 11 月 5 日）

"十四五"是开启全面建设社会主义现代化国家新征程的第一个五年，是全面推进农业绿色转型和高质量发展的关键时期，绿色食品产业发展面临难得的机遇和良好的前景。为贯彻落实党中央、国务院决策部署和农业农村部工作要求，2021 年，中国绿色食品发展中心印发了《绿色食品产业"十四五"发展规划纲要（2021—2025 年)》（以下简称《纲要》）。

《纲要》明确了"十四五"时期绿色食品产业发展目标。一是产业规模稳步扩大。绿色食品企业总数达到 2.5 万家，产品总数达到 6.5 万个，绿色食品原料标准化生产基地达到 800 个。二是产品质量稳定可靠。绿色食品产品质量抽检合格率达到 99%。三是产业结构不断优化。畜禽、水产品及加工产品比重明显提升。四是标准化生产能力明显提升。绿色生态、品质营养特色更加突出。五是品牌影响力进一步扩大。品牌知晓率达到 80%；产业效益显著提升，示范带动作用进一步增强。

《纲要》从 4 个方面部署了绿色食品产业发展主要任务。一是提高绿色食品产业发展水平。按照"稳增量、优结构、强主体、增效益"的要求，立足各地资源禀赋、主导产业，引导开发一批品质高、品牌响的优质产品，培育一批规模大、实力强的生产经营主体，建设一批高质量、高水平的标准化生产基地，探索创建绿色食品全产业链样板，不断满足人民对绿色优质农产品的消费需求。二是确保绿色食品质量稳定可靠。坚持"四个最严"的要求，进一步完善全程质量控制体系。坚持"标准至上、质量第一"的原则，不断提升产业发展的质量、效益和竞争力。坚持数量与质量并重原则，引导各地科学设置产业发展目标。严格按标生产，严格许可审查，严格证后监管，确保产品质量稳定可靠。三是提升绿色食品品牌价值。突出绿色食品安全、优质、营养的特征，深入挖掘丰富绿色食品品牌内涵，强化绿色食品品牌宣传，不断提升绿色食品公共品牌的认知度、知名度和美誉度。加快专业营销体系建设，扩大绿色食品的市场占有率和影响力，提高消费者的满意度和忠诚度。四是夯实绿色食品产业发展基础。创新驱动绿色食品产业发展，大力推动绿色食品科技进步。强化多学科融合和产学研协同创新，提高绿色食品生产的科技含量，为产业发展注入新动能。着力推进信息化建设，积极搭建产业服务平台，加快补齐发展短板，全面支撑绿色食品产业高质量发展。

二、全国绿色有机地标农产品发展概况

2021 年是"十四五"开局之年，全国绿色有机地标工作系统紧紧围绕农业农村部的中心工作，按照农产品质量安全监管工作的统一部署，紧扣"稳发展优供给，强品牌增效益"主线，攻坚克难、开拓进取，绿色有机地标农产品发展取得明显成效，为推动农业绿色发展、提高农产品质量安全水平、促进农业提质增效作出了积极贡献。

（一）总量规模

截至 2021 年 12 月 10 日，绿色食品、有机食品、农产品地理标志获证单位总数达到 28 214 家，产品总数达到 59 109 个，同比分别增长 19.4％、17.5％。

2020—2021 年获证单位总数与产品总数

类　别	统计指标	2020 年	2021 年	同比增长（％）
绿色食品	获证单位（家）	19 321	23 493	21.6
	获证产品（个）	42 739	51 071	19.5
有机食品	获证单位（家）	1 228	1 267	3.2
	获证产品（个）	4 466	4 584	2.6
农产品地理标志	获证单位（家）	3 090	3 454	11.8
	获证产品（个）	3 090	3 454	11.8
总计	获证单位（家）	23 639	28 214	19.4
	获证产品（个）	50 295	59 109	17.5

（二）分品结构

在 2021 年的绿色食品、有机食品、农产品地理标志获证单位中，绿色食品有 23 493 家，占 83.3％；有机食品有 1 267 家，占 4.5％，农产品地理标志有 3 454 家，占 12.2％。在获证产品中，绿色食品有 51 071 个，占 86.4％；有机食品有 4 584 个，

占 7.8%，农产品地理标志有 3 454 个，占 5.8%。

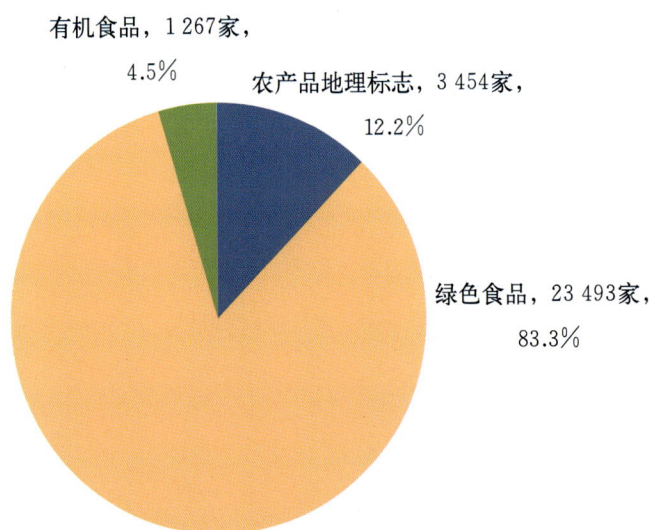

有机食品，1 267家，4.5%

农产品地理标志，3 454家，12.2%

绿色食品，23 493家，83.3%

获证单位结构

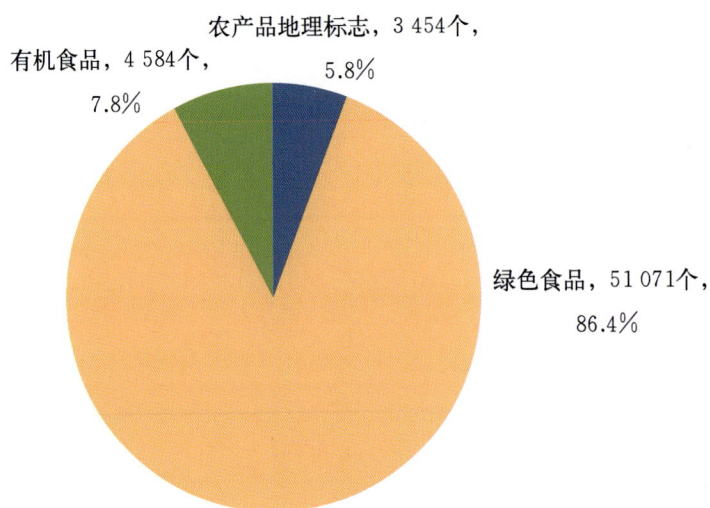

农产品地理标志，3 454个，5.8%

有机食品，4 584个，7.8%

绿色食品，51 071个，86.4%

获证产品结构

（三）基地建设

截至 2021 年底，全国绿色食品原料标准化生产基地创建单位 484 个，基地总数 729 个，包括粮食作物、油料作物、糖料作物、蔬菜、水果、茶叶及其他产品，总面积达 1.68 亿亩*，对接加工企业 6 206 家，带动农户近 2 030 万户。有机农产品基地 86

---

* 亩为非法定计量单位，1 亩≈667 米²。

个，涉及茶叶、水果、蔬菜、稻米、畜牧产品、水产品等产品，其中种植面积 182.7 万亩，草场面积 5 415.9 万亩、水产养殖面积 79.9 万亩。

（四）品牌效益

2021 年，绿色食品国内销售额达 5 218.63 亿元，出口额 29.12 亿美元。绿色食品产地环境监测的农田、果园、茶园、草原、林地、水域面积为 1.48 亿亩。

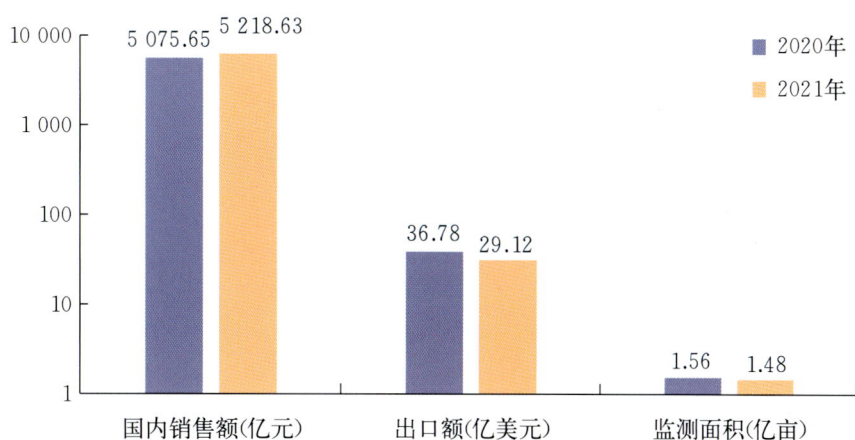

2020—2021 年绿色食品品牌效益

（五）区域发展

1. 东部地区　2021 年，北京、天津、河北、上海、江苏、浙江、福建、山东、广东、海南 10 个东部地区省份绿色食品、有机食品、农产品地理标志获证单位 9 631 家，产品 18 950 个，分别占总数的 34.1％和 32.1％。

2. 中部地区　2021 年，山西、安徽、江西、河南、湖北、湖南 6 个中部地区省份绿色食品、有机食品、农产品地理标志获证单位 8 251 家，产品 15 928 个，分别占总数的 29.2％和 26.9％。

3. 西部地区　2021 年，内蒙古、广西、重庆、四川、贵州、云南、西藏、陕西、甘肃、青海、宁夏、新疆 12 个西部地区省份绿色食品、有机食品、农产品地理标志获证单位 7 539 家，产品 16 994 个，分别占总数的 26.7％和 28.8％。

4. 东北地区　2021 年，辽宁、吉林、黑龙江 3 个东北地区省份绿色食品、有机食品、农产品地理标志获证单位 2 664 家，产品 6 814 个，分别占总数的 9.5％ 和 11.5％。

5. 境外地区 　2021 年，境外地区绿色食品、有机食品获证单位 129 家，产品 423 个。分别占总数的 0.5％和 0.7％。

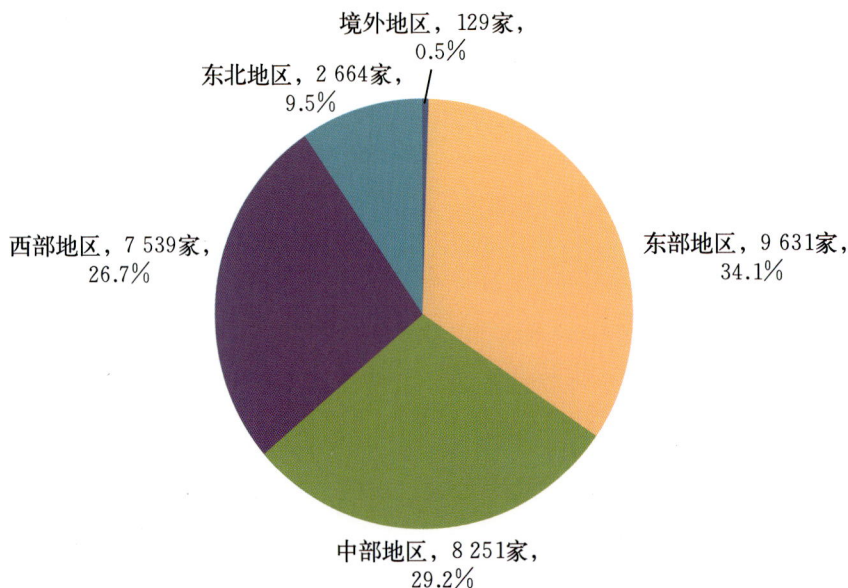

境外地区，129家，
0.5％

东北地区，2 664家，
9.5％

西部地区，7 539家，
26.7％

东部地区，9 631家，
34.1％

中部地区，8 251家，
29.2％

绿色有机地标农产品获证单位区域结构

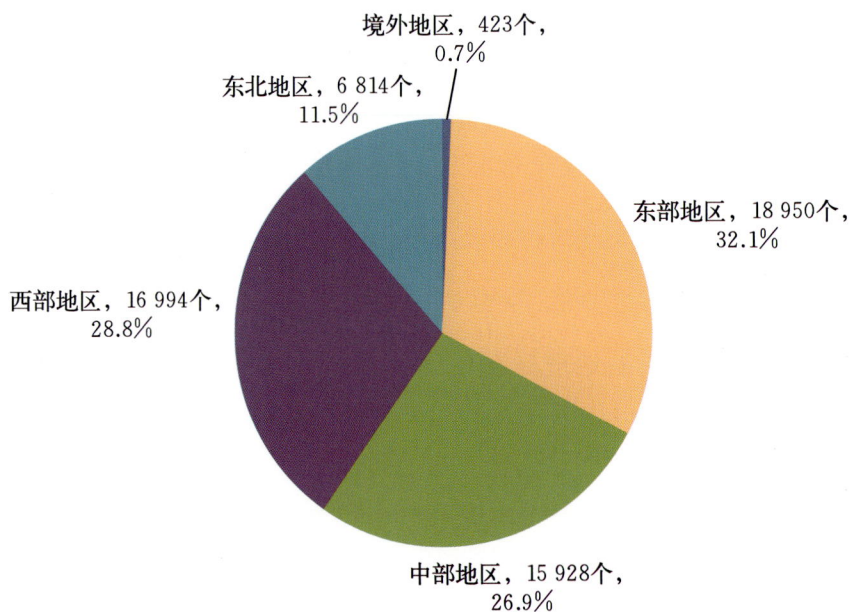

境外地区，423个，
0.7％

东北地区，6 814个，
11.5％

西部地区，16 994个，
28.8％

东部地区，18 950个，
32.1％

中部地区，15 928个，
26.9％

绿色有机地标农产品获证产品区域结构

地方典型

河北省多措并举促进高质量发展

2021年，河北省农产品质量安全中心以"高质量"发展为主线，认真履行新职能，统筹推进绿色有机地标农产品又好又快发展。

——运用考核指挥棒，发挥政府推动作用。将绿色有机地标农产品纳入"质量强省""乡村振兴""农产品质量安全工作"等考核体系，以不低于6％的增速确定省级发展目标，逐级分解到市县，压实各级责任，充分发挥考核"指挥棒"作用，加大政府推动力度。2021年，全省绿色有机地标农产品总数年增长率达到12.8％。

河北省张北县全国绿色食品原料（马铃薯）标准化生产基地

——加大政策奖补，激发申报积极性。安排省级财政资金700万元支持绿色有机地标农产品高质量发展，对获证主体实施奖补，遴选优秀企业开展绿色优质农产品全产业链标准化试点工作，促进规程进企入户，提升企业全产业链标准化生产能力，带动小农户按标生产，提高绿色有机地标农产品标准化生产水平，实现高质量发展。在省级奖补政策的基础上，石家庄、唐山、廊坊、保定等市也出台了本级财政奖补措施，有力地促进了产业发展。

——统一组织区域环评，创造夯实发展基础。统筹省级财政资金 65 万元组织绿色有机地标农产品基地区域环评监测，监测 158 个基地单元，惠及 98 个县（区）的 170 余家企业，既节约了企业申报成本，又激发了申报积极性。唐山市还安排本级财政资金用于支持申请主体绿色食品环境监测，发展势头强劲。

——严格审查把关，加强体系队伍建设。根据中国绿色食品发展中心《绿色食品审查工作规范行动实施方案》，梳理归纳绿色食品材料应重点把握的 9 个方面、55 小项审核要点，制成审核登记表，印发各级管理机构，指导市县管理骨干"一把尺子"量到底，严把材料审查关。克服新冠肺炎疫情影响，组织市县绿色食品管理骨干能力提升班，采取跟班作业、交流审核、集中会审等措施，提高骨干队伍业务水平，提高材料审查效率。

2021 年，绿色食品当年新申报企业 263 家，产品 586 个，与去年同期相比，新申报产品增长率 86.1%，创历史最好水平，产品到期续展率 70%，高出全国平均水平 3 个百分点。

三、重大活动

4 月 22 日 "春风万里　绿食有你"绿色食品宣传月启动仪式在北京举行。

"春风万里　绿食有你"绿色食品宣传月活动是中国绿色食品发展中心组织推动的全国性大型公益系列宣传活动，已连续四年组织开展。本次活动由中国绿色食品发展中心与新疆维吾尔自治区农业农村厅共同主办，中国优质农产品开发服务协会、中国绿色食品协会和新疆维吾尔自治区农产品质量安全中心承办。

5 月 25 日 2021 年绿色食品、有机农产品和农产品地理标志工作座谈会在江西南昌召开。农业农村部农产品质量安全监管司司长肖放出席座谈会并讲话。中国绿色食品发展中心主任张华荣总结了 2020 年工作，并部署了 2021 年工作。

绿色食品宣传月启动仪式在北京新浪直播间举行

肖放司长在讲话中提出，到"十四五"末，绿色食品、有机农产品、地理标志农产品数量达到 6 万个，产品抽检合格率稳定在 98％以上；特色产品品质指标体系初步建立，产品分等分级有效推动；标准体系进一步完善、绿色生产水平显著提升，标杆"领跑"作用凸显；产业结构不断优化，产业发展质量水平明显提高；品牌的知晓率、公信力和美誉度进一步提升，消费引领作用扩大；品牌效应显著，服务三农大局的功能作用进一步增强。

肖放司长强调，"十四五"绿色有机地标工作要以高质量发展为主题，以"稳发展优供给，强品牌增效益"为主线，以统筹推进农业生产和产品两个"三品一标"为路径，坚持"守底线""拉高线"并举，保安全提质量同步推，一要稳发展，坚持"质量第一"，引导地方政府因地制宜科学设置绩效考核指标，推进绿色有机地标农产品由总量扩张向总量增加和质量提升并重转变。二要保安全，对标"四个最严"要求，建立全过程质量监管机制，严格认证审查，严格依标生产，严格证后监管，加强认证产品风险监测、监督抽查和巡查检查，加大违法违规行为打击力度。三要提品质，对标高品质生活新要求，以提品质、增特色为主攻方向，推动绿色有机地标农产品提档升级。四要铸品牌，紧盯国际先进水平，着力打造一批信誉过硬、品质高端、市场认可的绿色优质农产品精品品牌。五要赋动能，以改革创新作为第一动力，不断激发绿色有机地标农产品高质量发展的动能和活力。六要增效益，围绕服务三农大局，坚持绿色有机地标农产品的经济、生态和社会效益相统一。

2021年绿色食品、有机农产品和农产品地理标志工作座谈会

　　张华荣主任在报告中指出，2021年绿色有机地标工作，一是"稳"，稳定节奏、把控风险。绿色食品要坚持精品定位，突出优质营养、环保健康的高端品质，稳步扩大总量规模；有机农产品要坚持行政推动与市场拉动相结合，因地制宜加快发展；农产品地理标志要突出"独特地域、特定生产方式、独特品质、特定历史文化"，坚持成熟一个、发展一个。二是"严"，严格审查、严格监管。绿色食品要严格落实质量审查把关要求，地标产品要突出声誉基础和特色品质，提高登记管理质量；全面落实证后监管制度措施，强化淘汰退出机制，对企业年检、产品抽检不合格的，依法依规摘牌出局，确保不发生质量安全事件。三是"实"，压实责任、落实制度。组织开展"绿色食品审查工作规范行动"，全面强化绿色食品检查员、内检员职责，督促检查获证企业落实技术标准和生产操作规程，推动基地、企业积极推广应用绿色食品生产资

料；继续推进质量追溯管理，认真抓好农产品质量安全专项整改相关工作。四是"优"，优化结构、优化产业。要加快产业结构调整升级，优化产业布局。积极推进畜禽、水产和加工食品的发展，引导农业产业化龙头企业、大型食品企业、农民专业合作示范社发展绿色食品；积极配合实施农产品地理标志保护工程，推进产品特色化、生产标准化、身份标识化和全程数字化。五是"响"，扩大用标、唱响品牌。继续实施"绿色食品标志规范使用行动"，方便、规范企业用标，继续开展"绿色食品宣传月"行动，推动绿色食品进超市、进社区、进学校；积极引导、鼓励、支持搭建产销对接平台，建立专业经销商队伍，拓展产品营销渠道；加强舆论宣传引导，营造全社会关注绿色生产、推动绿色消费的良好氛围。六是"新"，开拓创新、激发活力，以规程"进企入户"示范行动为切入点，推进绿色食品标准和技术落地生根；利用新一代信息技术，全面提升工作效率和服务效能；组织开展绿色食品有关重大课题研究，不断夯实事业发展的理论政策和技术基础。

来自江西、江苏、浙江、安徽、福建、河南、湖南、甘肃的 8 家单位在会上介绍了典型经验。

2021

绿色食品发展报告

第二篇

绿色食品

四川省蒙顶山绿色食品茶叶基地

2021 绿色食品发展报告

第二篇 绿色食品

一、产品发展

（一）制度建设

1. 修订《绿色食品标志许可审查工作规范》 为适应绿色食品高质量发展要求，进一步规范各级工作机构和检查员审查工作，中国绿色食品发展中心依据《绿色食品标志管理办法》等规章和绿色食品标准，结合绿色食品发展新形势、新要求和审查工作实际，修订了《绿色食品标志许可审查工作规范》。新版规范共六章六十九条，整合了 2014 年以来有关审查工作文件的技术内容，梳理调整了结构框架，明确了审查职责分工，更加突出了申请条件审查和各专业类别的审查重点。

2. 修订《绿色食品现场检查工作规范》 现场检查工作是绿色食品标志许可审查的重要环节，为进一步提升现场检查工作的质量和效率，确保检查员严格规范履行检查程序和职责，中国绿色食品发展中心根据《绿色食品标志管理办法》《绿色食品标志许可审查工作规范》等规定及绿色食品标准变化，修订了《绿色食品现场检查工作规范》。新版规范共五章二十四条，梳理了现场检查程序和意见处理要求、修订了现场检查报告，各类产品现场检查重点更加突出。

（二）多措并举推动高质量发展

1. 统筹各地绿色食品发展指标 按照"稳存量、优结构、增总量"要求，引导发展较快省份"优中选优"提升质量，发展落后省份"深度挖潜"提升数量，中国绿色食品发展中心制定 2021 年绿色食品初次申请产品发展指标，指导各级工作机构合理安排辖区内绿色食品申报审查工作。

2. 提出"八条"审查要求 为引导各地牢固树立高质量发展理念，立足当地农业生产实际，合理布局、优化结构、提升质量。中国绿色食品发展中心创新提出"八条"审查要求，包括建立国家和省级龙头企业快速受理机制，提出加工企业发展占比目标，提高蔬菜、水果最小申报规模，严格限制平行生产和委托加工条件，建立续展率与新增产品数挂钩的联动工作机制等。2021 年，中国绿色食品发展中心直接受理宁夏夏进乳业集团股份有限公司、贵州茅台酒股份有限公司、中盐集团等国家级龙头企业的初次申报和续展工作，从登记到颁证仅用时 2 个月，大大缩短了颁证周期。张华荣主任亲自带队赴贵州茅台酒股份有限公司等绿色食品企业深入调研绿色食品产业发展情况、总结经验做法、听取意见建议。

张华荣主任带队赴贵州茅台酒股份有限公司调研

3. 组织开展审查工作规范行动 中国绿色食品发展中心以规范申报材料、强化现场检查、落实落细各级审查责任为重点，组织开展审查工作规范行动。自行动实施以来，各地申报材料规范性大幅提升，分级审查管理责任进一步压实，初次申请和续展抽查企业一次性审查通过率明显提升，分别达到45％和65％，审核工作质量进一步提高，成效显著。

（三）现场检查、核查与技能培训

1. 集中审查指导 中国绿色食品发展中心全年组织检查员分别对江苏、广东、浙江等地开展了集中审查和培训工作，与地市检查员开展培训交流。按照农业农村部农兽残专项整治工作部署，结合处内工作计划安排，加强了"三棵菜""一枚蛋""一只鸡""四条鱼"和牛肉羊肉的审查和现场核查力度，全年对甘肃、湖南、江苏、陕西、新疆和天津等地18家申报企业投入品使用情况、生产管理模式等风险隐患进行了现场核查。

2. 续展核查与年检督导　2021年，中国绿色食品发展中心完成了对山东、青海、宁夏等工作机构的续展核查和年检督导工作，对各省核查结果进行总结反馈，高质量稳步推进绿色食品续展工作。

杨培生副主任带队赴山东省开展绿色食品续展核查

3. 绿色食品专业技术培训　中国绿色食品发展中心邀请中国农业大学杜相革教授和中国农业科学院王旭研究员，结合《绿色食品　农药使用准则》《绿色食品　肥料使用准则》分别作"绿色食品有害生物防治技术"和"绿色食品生产中的肥料施用技术"线上专题讲座。来自全国省地市县工作机构的绿色食品检查员和绿色食品企业内检员共计1.3万余人在线收看，累计观看超过4.5万人次。

4. 出版"绿色食品申报指南"丛书分卷　在先期出版"绿色食品申报指南"丛书稻米卷、茶叶卷、水果卷和蔬菜卷基础上，中国绿色食品发展中心与中国农业大学、中国农业科学院专家合作编写了丛书的植保卷和牛羊卷。植保卷以《绿色食品　农药使用准则》为基础，全面解读了绿色食品有害生物防治的原则和方法，对每一种绿色食品允许使用农药进行了详细说明。牛羊卷则从申请人角度详细介绍了绿色食品牛羊产品从养殖环境、饲养管理到申报流程、材料准备等要求。丛书对绿色食品检查员和企业内检员发挥了重要指导作用。

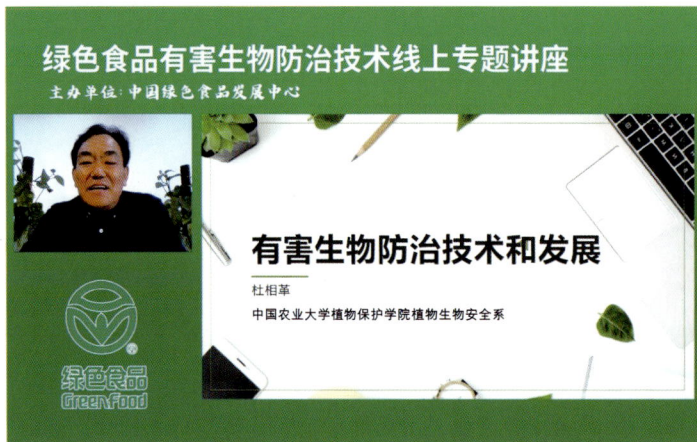

"绿色食品有害生物防治技术"专题讲座

（四）获证单位与产品

2021年，当年绿色食品颁证单位10 492家，产品21 638个，同比分别增长29.9％和28.3％。绿色食品有效用标单位23 493家，产品51 071个，同比分别增长21.6％和19.5％。

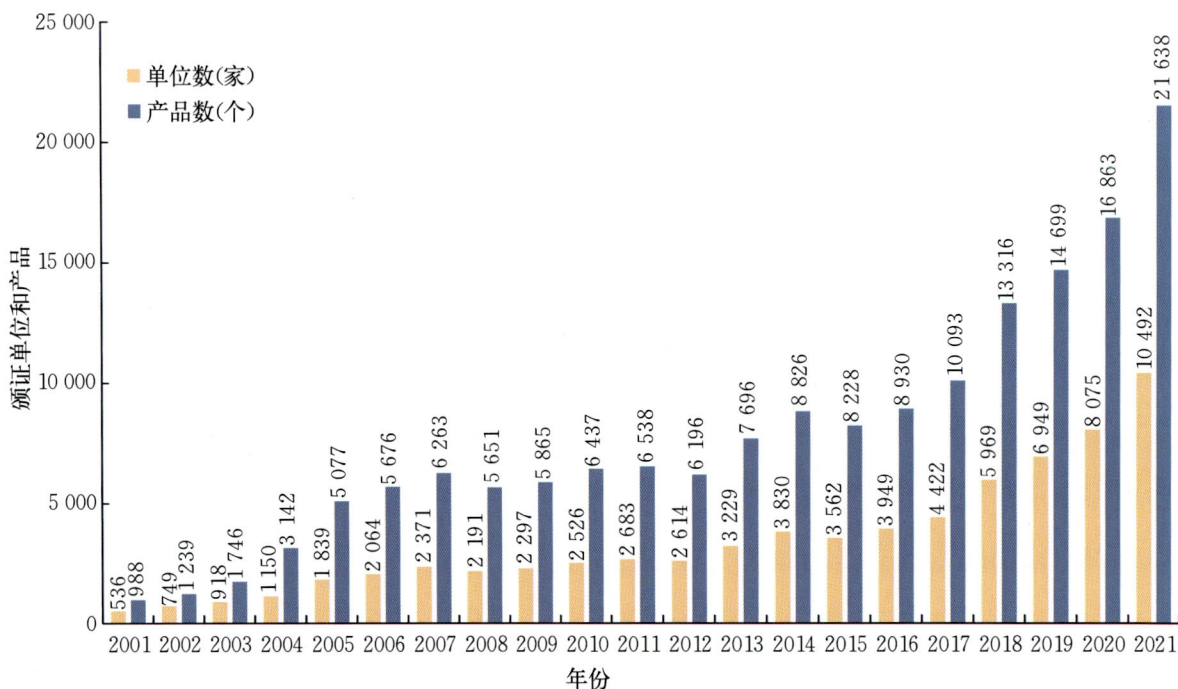

2001—2021年当年绿色食品颁证单位数与产品数

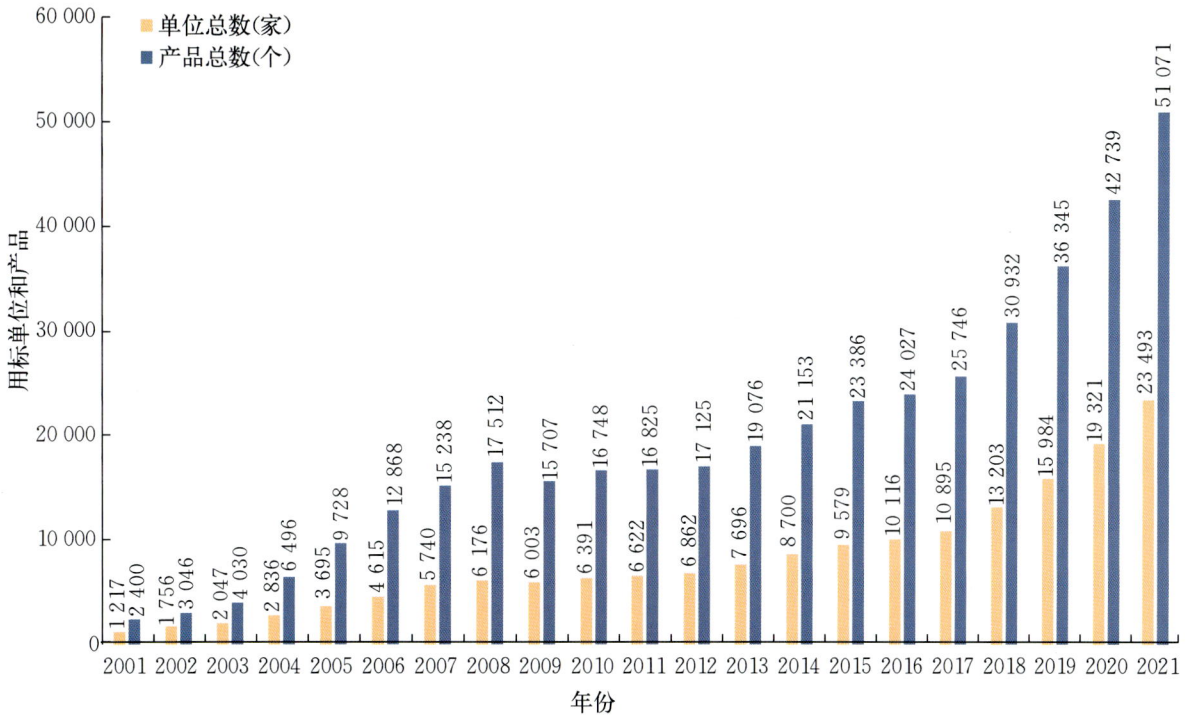

2001—2021 年绿色食品有效用标单位总数与产品总数

（五）获证产品结构

1. 产品类别结构　2021 年，在绿色食品有效用标产品中，农林产品及其加工产品有 41 248 个，占 80.8%；畜禽类产品有 1 837 个，占 3.6%；水产类产品有 703 个，占 1.4%；饮品类产品有 5 477 个，占 10.7%；其他产品有 1 806 个，占 3.5%。

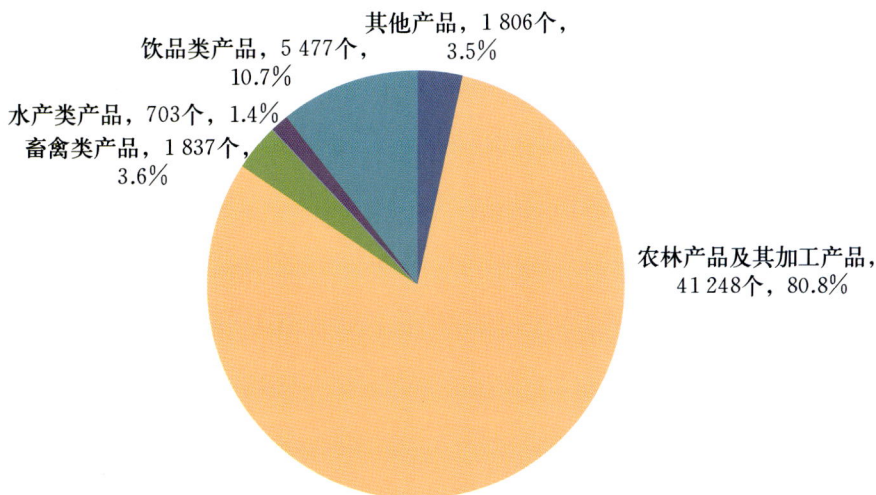

2021 年绿色食品产品类别

2. 产品级别结构 2021 年，在绿色食品有效用标产品中，初级产品有 32 233 个，占 63.1%；加工产品有 18 838 个，占 36.9%。在加工产品中，初加工产品有 16 182 个，占 31.7%；深加工产品有 2 656 个，占 5.2%。

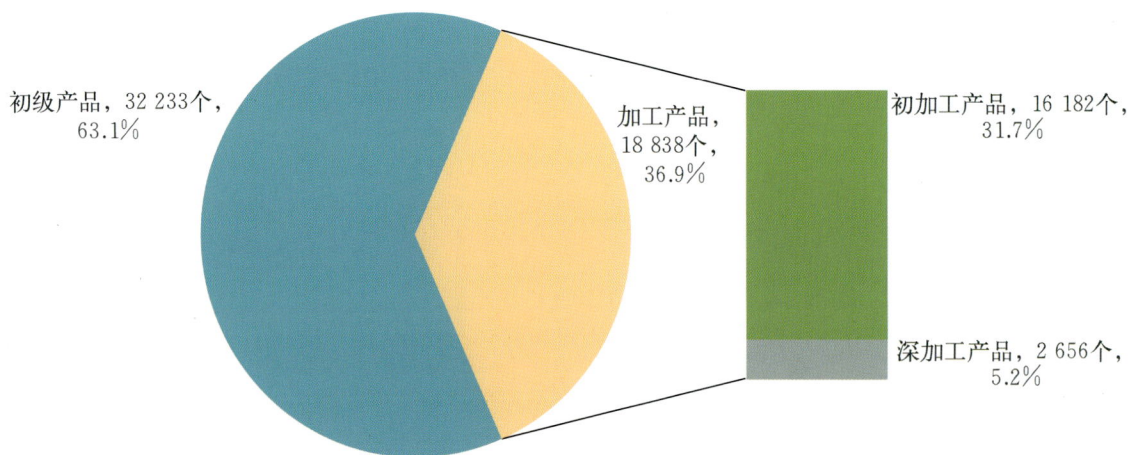

初级产品，32 233 个，63.1%

加工产品，18 838 个，36.9%

初加工产品，16 182 个，31.7%

深加工产品，2 656 个，5.2%

2021 年绿色食品产品级别结构

（六）区域发展情况

1. 东部地区 2021 年，北京、天津、河北、上海、江苏、浙江、福建、山东、广东、海南 10 个东部地区省份绿色食品有效用标单位 8 358 家，产品 16 965 个，分别占全国有效用标单位和产品总数的 35.58% 和 33.22%。

2. 中部地区 2021 年，山西、安徽、江西、河南、湖北、湖南 6 个中部地区省份绿色食品有效用标单位 7 100 家，产品 14 210 个，分别占全国有效用标单位和产品总数的 30.22% 和 27.82%。

3. 西部地区 2021 年，内蒙古、广西、重庆、四川、贵州、云南、西藏、陕西、甘肃、青海、宁夏、新疆 12 个西部地区省份绿色食品有效用标单位 5 822 家，产品 14 419 个，分别占全国有效用标单位和产品总数的 24.78% 和 28.23%。

4. 东北地区 2021 年，辽宁、吉林、黑龙江 3 个东北地区省份绿色食品有效用标单位 2 206 家，产品 5 467 个，分别占全国有效用标单位和产品总数的 9.39% 和 10.70%。

5. 境外地区　2021 年，境外地区绿色食品有效用标单位 7 家，产品 10 个，分别占绿色食品有效用标单位和产品总数的 0.03％和 0.03％。

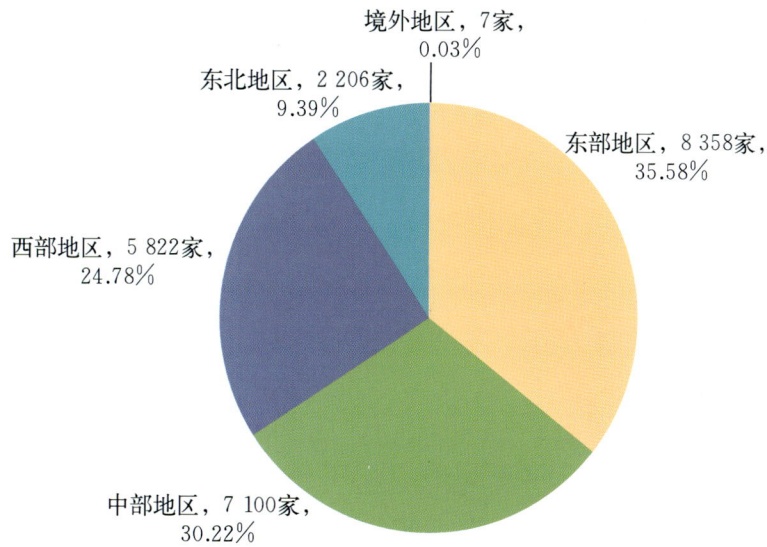

东部地区，8 358家，
35.58%

境外地区，7家，
0.03%

东北地区，2 206家，
9.39%

西部地区，5 822家，
24.78%

中部地区，7 100家，
30.22%

2021 年各区域绿色食品有效用标单位结构

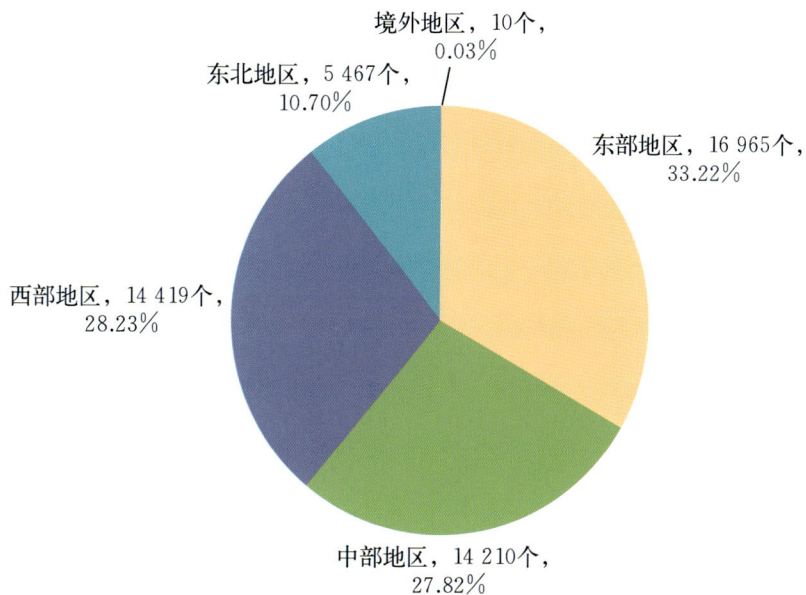

东部地区，16 965个，
33.22%

境外地区，10个，
0.03%

东北地区，5 467个，
10.70%

西部地区，14 419个，
28.23%

中部地区，14 210个，
27.82%

2021 年各区域绿色食品有效用标产品结构

（七）龙头企业发展情况

在 2021 年绿色食品有效用标单位中，各级农业产业化经营龙头企业 6 977 家、产品 19 053 个。其中，国家级龙头企业 370 家、产品 1 287 个，省级龙头企业 2 554 家、产品 7 615 个，地市县级龙头企业 4 053 家、产品 10 151 个。

各级农业产业化经营龙头企业绿色食品发展情况

项　　目	龙头企业合计		国家级龙头企业		省级龙头企业		地市县级龙头企业	
	企业数（家）	产品数（个）	企业数（家）	产品数（个）	企业数（家）	产品数（个）	企业数（家）	产品数（个）
数量	6 977	19 053	370	1 287	2 554	7 615	4 053	10 151
比重（%）	29.7	37.3	1.6	2.5	10.9	14.9	17.2	19.9

注：比重（%）指各级龙头企业、产品占绿色食品有效用标单位、产品总数的比重。

（八）乡村振兴推进情况

为助力巩固拓展脱贫攻坚成果与全面乡村振兴有效衔接，中国绿色食品发展中心在巩固拓展脱贫攻坚成果过渡期内，积极引导脱贫地区企业申报绿色有机地标农产品，加强农业生产技术指导，助力打造特色区域品牌，有效推进乡村振兴。2021 年，全部免收原国家级贫困县、"三区三州"等深度贫困地区、农业农村部定点扶贫县、农业农村部对口指导环京津贫困县和大兴安岭南麓片区贫困县绿色食品申报主体的认证审核费和标志使用费。

地方典型

打造特色品牌　助力乡村振兴

湖南省永顺县地处武陵山腹地，是我国著名的富硒带，域内土壤肥沃，微酸性到中性，有利于莓茶生长。经多家科研单位化验测定，永顺莓茶含人体必需的 17 种氨基酸和 14 种微量元素，特别是富含高活性黄酮类化合物，总黄酮含量最低为 3.5%，但其幼嫩茎叶中类黄酮物质——二氢杨梅素含量高达 40%，被誉为植物"黄酮之王"，被医学界誉为"血管清道夫"，具有良好的预防心脑血管疾病、降"三高"效果，对增强人体免疫力、消炎杀菌、抗氧化、解酒护肝等具有特殊功效。2020 年，农业农村部正式批准对"永顺莓茶"实施农产品地理标志登记保护，2021 年实施国家农产品地理标志保护工程。

近年来，永顺县把莓茶产业作为种植区唯一的脱贫致富、乡村振兴产业，纳入全县产业发展规划，主要措施包括：

1. 突出标准化生产，确保产品品质

组织湖南农业大学刘仲华院士团队开展莓茶种苗繁育、种植、加工等各环节进行技术攻关，制定并发布实施了2个湖南省地方标准《永顺莓茶种植技术规程》《永顺莓茶加工技术规程》和1个湖南省团体标准《永顺莓茶》。同时，组织开展标准、规程进企入户培训，推动全产业链标准化生产。生产企业全部纳入湖南省农产品身份证管理系统，定期开展质量安全检验、检测和营养品质评价，产品抽样实现全覆盖，检测合格率100％，确保了产品质量稳定可靠。

2. 充分保护利用品种资源，实现可持续发展

瞄准"古莓茶之乡"的定位，加大5 000亩野生莓茶资源保护与利用，对已发现的"大叶""小叶""绿莓茶""红莓茶"四大类的多个品种进行科学繁育，充分保护和利用莓茶种质资源。建成提纯复壮和种苗繁育基地300亩，为永顺莓茶的品种优化以及种苗供应打下坚实基础。

3. 努力建设区域公用品牌，促进产业快速发展

邀请专业团队对"永顺莓茶"区域公用品牌进行策划、规划、建设，统一设计制作规范使用包装；组织拍摄宣传片；在核心保护区设置"永顺莓茶"地理标志农产品生产区域标牌，明确产品名称、证书持有人、生产区域、规模等信息。组织企业参加"茶业博览会""农民丰收节"等重要展会，举办永顺莓茶宣传推介

活动，邀请网红直播带货，扩大品牌影响力；积极引导企业申请绿色食品和有机食品认证。

目前，永顺县通过采取"四跟四走"扶贫产业发展思路和"公司＋基地＋专业合作社＋农户（贫困户）"发展模式，全县莓茶种植面积达 7.9 万亩，年产量 2 000 余吨，年产值近 6.2 亿元。已建成毛坝、砂坝、润雅、石堤 4 个万亩莓茶乡（镇），1 个万亩莓茶产业示范园，8 个千亩产业示范园、35 个百亩产业示范园；培育莓茶种植专业合作社 40 多家，建成莓茶初加工厂 44 家。产品均价达到 300 元/千克以上，通过新型经营主体带动从业人员近 8 万人，其中脱贫人口 18 000 余人，人均增收 3 000 元以上。

永顺莓茶不仅具备独特自然禀赋，还蕴含丰厚文化底蕴。"神秘湘西"文化、千年土家文化、800 年土司文化在莓茶芽叶上交汇，不少与莓茶相关的记载和传说流传至今，使永顺莓茶有了"土家神茶""土司贡茶""红军茶"等美誉。

二、基地建设

（一）全国绿色食品原料标准化生产基地

2021年是基地建设与管理工作积极应对新冠肺炎疫情影响的第二年，正逢"十四五"时期，作为绿色食品产业发展的基础，绿色食品基地建设工作肩负了主动融入乡村振兴战略，融入质量兴农、绿色兴农、品牌强农工作，切实加强力量、提升能力，保障基地建设质量，全面提高基地发展水平，不断增强基地发展活力，稳步扩大基地建设规模，进一步凸显基地的标准化生产、规模化发展、品牌化带动、产销对接的鲜明特色和独特优势，在支撑绿色食品事业发展和助力三农工作中发挥更大的作用等一系列阶段性重要任务。同时，切实以"提升质量、强化管理、保障供给、发挥示范"为重点，大力推进基地建设新制度的落实，稳步推进基地实现健康发展。

截至2021年底，全国已有29个省（自治区、直辖市）建成729个绿色食品原料标准化生产基地，包括粮食、油料、糖料、蔬菜、水果、茶叶等主要农产品和百余种区域特色农产品，基地面积达到1.68亿亩，总产量达1.35亿吨，涉及水稻、玉米、大豆、小麦等百余种地区优势农产品和特色产品，共带动2000多万农户发展。

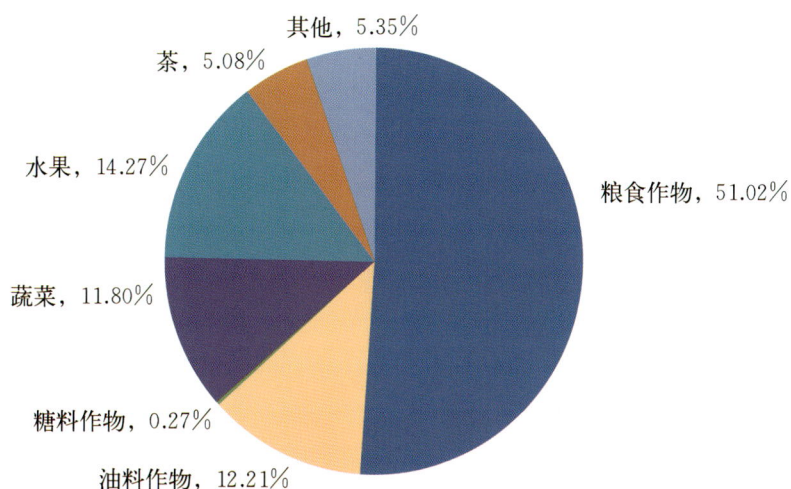

全国绿色食品原料标准化生产基地主要作物类别结构

1. 突出重点，稳步推进基地发展　2021年初，制定下发了《关于2021年度基地建设管理有关工作的通知》，提出了工作要求，从基地发展重点、区域布局、监督管理、技术支持等多个方面入手，加强对地方工作的具体指导，鼓励以地方优势产业为基础，重点开发与严格控制相结合开展创建工作，进一步夯实了绿色食品发展基础，保障绿色食品加工企业原料供给。

2. 统筹协调，落实基地建设主体责任 全面加强基地建设指导与监管，结合2020年底修订发布的《全国绿色食品原料标准化生产基地建设与管理办法》的宣贯落实工作，督促基地开展自查，绿色食品办公室进行年检。围绕新版农药使用准则，进一步推动基地标准化生产相关制度的修订和落实，推进绿色食品生产操作规程进企入户。

3. 履职尽责，加强基地验收审核 督促各地绿色食品办公室落实好基地各项制度，及时上报基地验收申请材料，并根据实际情况对验收工作予以分类指导，采取中国绿色食品发展中心授权省级绿色食品办公室（中心）组织安排和中国绿色食品发展中心直接委派专家组等形式及时予以验收，确保验收工作有序开展。本年度内共有37个创建基地、31个验收基地和201个续报基地审核合格，同时注销基地44个。切实做到基地建设动态管理，推动数量与质量并举发展。

4. 积极主动，强化对基层的服务 通过建设基地工作群，多次发布通知，通过微信、视频等多种形式，指导绿色食品办公室及时开展基地续报申请工作，保证基地持续健康发展。

5. 争取支持，加强基层管理培训 采取线上、线下相结合的方式，安徽、河南、四川、福建、重庆5个省（直辖市）举办了基层基地管理培训班，累计培训学员1 300余人次。

6. 守正创新，持续建设骨干队伍 组织专家小组赴河南、贵州等地，采取现场教学的方式就审核及现场检查等业务重点工作进行指导；受新冠肺炎疫情影响，采取电话、视频等形式指导山西、江苏等9个省份的业务新人开展基地创建、验收、续报等管理工作，有效促进了基地骨干队伍的建设。

7. 集思广益，推广典型经验交流 克服新冠肺炎疫情影响，成功召开全国绿色食品基地推进工作视频会议，"三省四县"7个基地代表就建设管理经验进行了典型发言，300余名来自全国各地的绿色食品办公室工作人员、基地代表参加了本次视频会议，取得良好效果。

地方典型 1

数字农业提质增效，推动产业持续健康发展

山东省沂源县于 2007 年 12 月成功获批成为全国绿色食品原料（红富士苹果）标准化生产基地，范围涵盖中庄镇、张家坡镇等 6 个生产单元、263 个行政村，基地规模 15 万亩、年产量达 30 万吨，覆盖全县苹果面积的 50%。基地对接 6 家绿色食品生产经营主体，示范带动 32 500 户果农。

绿色食品原料标准化生产基地建成后，沂源县按照"种得好、销路畅、收益高"的发展思路，拓宽沂源苹果发展新优势，促进农业增效、农民增收。

沂源苹果数字农业集运加工中心的苹果智能化分拣生产线

——以苹果产业为切入点，积极对接阿里巴巴数字农业，2020 年建成阿里巴巴（沂源）数字农业集运加工中心，该中心是阿里巴巴全国布局建设的五个产地仓之一，也是全国唯一一家县级产地仓，配套建设苹果智能化分拣生产线，安装系列数字化冷库，实现网销农产品商品化处理、品控分拣、打包配送、统配统送，具有日加工330吨、年加工10万吨的数字化分拣配送能力。产地仓的建成进一步提升了沂源苹果优质高档果率和果品储存加工率，2021年苹果优质高档果率和果品储存加工率比2007年基地刚建成时分别提高了10%和16%，比2020年分别提高了3%和5%，进一步提高了沂源苹果的市场竞争力。

——全面推行食用农产品承诺达标合格证制度，沂源苹果生产基地配备农残速测仪、蓝牙打印机、追溯打码机等设备，对生产的沂源苹果进行逐批检测，检测合格后才在包装盒上加贴电子合格证，消费者手机扫码一查，便可获悉这盒苹果的生产者、生产日期、农事操作等信息，实现产品质量全程可追溯。

地方典型2

强化基地建设　促进绿色发展

湖北省利川市已建设全国绿色食品原料（茶叶）标准化生产基地10万亩、全国绿色食品原料（水稻）标准化生产基地10万亩、全国绿色食品原料（甘蓝、白萝卜、大白菜、魔芋、莼菜、山药）标准化生产基地40万亩。截至2021年底，全市绿色食品获证企业和产品均居全省前列。

——立足自然优势和资源优势，把绿色食品基地建设工作作为全市农业农村工作的中心工作，制定了基地管理办法和建设规划，对基地建设实行统一管理，统一优良品种、统一生产操作规程、统一投入品供应、统一田间管理。截至2021年底，基地共发放测土配方施肥建议卡4万份，基地良种普及率达到98%，测土配方施肥率达到90%，示范基地统防统治率达到90%。与常规种植相比，原料茶叶基地亩平均增产100千克，年总产值增收5亿元，基地人均增收1200元；原料蔬菜基地亩产值增收600元，年总产值增收2.4亿元，基地内人均增收1000元；原料水稻基地亩产值增收400元，年总产值增收3000万元，基地内人均增收700元。

——加大对基地农业投入品源头管控，做实化学农药、肥料的减量增效控害，科学推广生物防治、物理防治、统防统治，示范推广微生物农药在生产上的应用。

与中国农业科学院茶叶研究所、华中农业大学等科研院所合作，开展绿肥间作、豆菜轮茬等新技术的引进、试验和示范，基地经济产值同比增加 15%～20%；为强化标准化栽培技术、测土配方施肥、病虫害绿色防治技术等推广力度，2021 年累计开展绿色食品生产技术培训班 7 期、送科技下乡活动 3 次、发放绿色食品宣传手册 8 万多份、举办电视讲座、广播会 22 场次，出动宣传车 82 台次，实现了基地农户全覆盖。

——大力推进基地绿色有机无公害产品认证，基地内绿色食品企业由建设前的 7 家增加到 43 家，新增绿色食品加工企业 36 家，新增绿色食品产品 193 个，增长率达到 514%；基地内新增茶叶、蔬菜、大米市场经营主体 675 家，茶叶产品加工率达到 99%，蔬菜产品加工率提升到 56%，大米产品加工率达到 80%。鼓励企业参加各类展销活动，宣传推介利川特色农产品。2021 年度，利川红茶、利川山药、利川莼菜、利川大米等农产品斩获国内、国际展销活动 12 个特等奖及金奖。"利川红"相继成为中印两国领导人非正式会晤"东湖茶叙"用茶，第七届世界军人运动会红茶类独家供应商，并代表中国六大类茶唯一红茶品牌参加中国第三届国际茶叶博览会，被指定为博览会招待用茶。

利川市通过建立标准化原料基地，培植龙头企业，创建优势品牌，开拓市场，提升产业效益，有力推进了全域绿色食品产业的崛起。

地方典型 3

良知树 放心果 来自高原的鲜维 C

贵州省修文县从 20 世纪 80 年代末期开始种植猕猴桃，至今已有 30 余年，2021 年获批成为全国绿色食品原料（猕猴桃）标准化生产基地，实现了省内原料基地建设"零突破"。修文县以种"良知树"、产"放心果"为理念，打造具有品质优势的"高原鲜维 C"，在品牌创建、质量水平、示范效果等方面均取得了提升。

——提升了品牌竞争力。通过"全国绿色食品原料标准化生产基地"的创建，

贵州省修文县全国绿色食品原料（猕猴桃）标准化生产基地

打造了一批基础设施完善、技术统一规范、绿色生态发展、产出优质高效的猕猴桃果园，推动了修文猕猴桃产业标准化、优质化、绿色化、产业化、品牌化发展。2021年，"修文猕猴桃"登上央视春晚，进一步扩大了品牌知名度和市场竞争力。

——提高了产品获证比例。通过基地创建，猕猴桃经营主体质量安全意识明显增强，对于品质、品牌打造的需求进一步提升，基于绿色食品越来越高的权威性，县域内更多的猕猴桃经营主体愿意按照绿色食品的标准进行种植，有规模效益优势的企业特别是龙头企业主动申请绿色食品标志使用权，全县的绿色食品数量在不断提升。

——增强了示范带动效应。基地建设规模 1.51 万亩，带动了全县的猕猴桃种植户 6 000 多户，辐射带动面积达 16 万亩。基地获批后，提高了县域内产出的猕猴桃小果等加工用果价格和利用率，由原来的 1 元/千克涨到 2 元/千克，实现经济增收 1 000 万元以上。

——拓宽了市场渠道。通过基地建设，修文猕猴桃获得了稳定的销售渠道。修文猕猴桃鲜果在北京、上海、浙江嘉兴、辽宁沈阳等城市已占有较大市场份额。通过京东、淘宝、拼多多、苏宁易购等网上销售平台，逐步走向全国。2021 年，省外猕猴桃销售量占比 70%，其中通过电商销售 0.79 万吨，市场潜力巨大。

——推动了产业深度融合。全县建有果品冷藏保鲜库 300 余座，库容 2 万余吨；有果品分拣包装线 10 条，日分选能力达 5 000 吨；有猕猴桃产品加工企业 3 家，年加工能力 2.5 万吨。猕猴桃加工产品有果酒、果醋、饮料、果干、风味水等。基地建设有力带动了县域内加工企业申报绿色食品，推动猕猴桃一二三产业融合发展，助力全县的乡村振兴工作取得显著成效。

（二）全国绿色食品（有机农业）一二三产业融合发展园区

根据《国务院办公厅关于推进农村一二三产业融合发展的指导意见》和原农业部印发的《农村一二三产业融合发展推进工作方案》，中国绿色食品发展中心着眼"发挥优势、突出特色、拓展功能、延长产业链条"，于 2016 年启动全国绿色食品（有机农业）一二三产业融合发展园区试点创建工作。截至 2021 年底，累计建成 36 个绿色食品（有机农业）一二三产业融合发展园区。园区涵盖蔬菜、水果、茶叶、菌类、水产等多个产业门类，充分发挥绿色食品、有机食品生产环境条件好、品牌影响力大、产业特色鲜明、经营主体实力强的优势，突出绿色食品和有机食品的品牌文化特色，形成了与贸易流通、生资服务、休闲旅游、金融服务、电子商务、康养度假等业态融合发展的模式，积极引导绿色食品（有机农业）向多功能、多要素拓展，向产业链条更加延伸、经营业态更加丰富转变。绿色食品（有机农业）一二三产业融合发展园区放大了绿色食品和有机农业先进理念和品牌文化影响，有效示范引领农业标准化生产、产业化经营和品牌化发展，在助力乡村全面振兴中发挥了积极作用。

地方典型

以柑橘生态全产业链推动绿色创新发展

重庆市全国绿色食品（柑橘）一二三产业融合发展园建设主体重庆派森百橙汁有限公司坚持走生态发展的道路，建立了"从一粒种子到一杯橙汁"、用废弃皮渣做种养结合循环生态农业及一二三产融合发展的全产业链。园区示范带动了当地农民脱贫致富，为移民安稳就业、库区脱贫攻坚和乡村振兴作出了企业应有的贡献。

重庆市全国绿色食品（柑橘）一二三产业融合发展园（重庆派森百橙汁有限公司）

——以高标准果园为主的一产。园区建有全球最大的柑橘脱毒容器育苗基地，为保护生物多样性并挖掘柑橘的商业价值建立了398个柑橘品种的资源圃，从中选用全球优质甜橙，打造了早、中、晚熟与国际同步的高标准果园，带动10多万果农，其中包括4万多三峡库区移民。同时园区按照"品种优良、科技先进、功能配套、优质安全、丰产高效、绿色可持续发展"的标准，建成的22万亩高标准基地果园，拥有早中晚熟不同品种配套、水肥一体化等先进设施，护林员能够严格按照绿色食品生产操作规程制定园区《农药、肥料使用管理制度》《果园病虫害防治原则》等基地管理制度，做到科学管护，保护良好生态环境。园区还打造了生态蔬果园，采用榨汁后废弃皮渣好氧发酵生产的有机质和有机肥、榨汁后的鲜果皮为营养基质培育绿色蔬果，采用物理防虫，不打农药，打造生态循环、绿色安全、健康环保的循环生态产业链种植项目。

——以中国第一家NFC原榨橙汁生产为主的二产。派森百橙汁加工厂是中国第一家NFC原榨橙汁生产厂，占地面积200余亩。利用国外先进的工艺技术，打造适宜国内的绿色饮品。派森百NFC橙汁连续11年使用绿色食品标志，连续12年成为国宴饮品，通过了SGS的HACCP体系认证、ISO 9001质量体系认证等各类认证。通过现场核查，厂区严格按照《安全生产管理制度》《派森百工厂车间卫生规范》等生产质量安全管理制度生产，不定期安排员工开展绿色食品培训讲座。皮渣加工厂将压榨后的废弃皮渣回收利用，制作橙皮丁、橙皮精油等绿色产品出口国外；将废弃皮渣发酵制成绿色有机肥料和绿色有机饲料，施肥还田，养殖无抗生素生猪、无抗生素禽类。最大限度利用资源，不造成资源浪费和环境污染，实现资源绿色循环利用。原浆和橙皮远销欧洲和亚洲，实现了中国橙汁零出口。产业的发展带动农户（移民）持续稳定增收，提高消费水平，增强市场活力，为带活区域市场经济发展不断作出贡献。

柑橘文化时空馆

　　——以三峡柑橘文化为主的三产。园区三产项目丰富，以柑橘为元素延长产业链条，以中国柑橘栽培历史文化和三峡库区柑橘产业发展为主题，建立了柑橘文化时空博物馆，以四季采摘为核心建立了四季采果园，以柑橘资源圃为基础建立品种多样性的参观展示与保护，通过农田种养趣味活动建立儿童农场，年接待游客30 000人次。公司以农旅融合发展对品牌进行宣传。其中建立三峡库区最大的柑橘文化时空馆，对柑橘文化、生产技术、绿色发展理念进行宣传展示，通过绿色生态果蔬采摘和无抗生素生猪养殖参观，让游客在体验中了解绿色生态知识。园区还是重庆市中小学社会实践教育基地，通过设立柑橘种植、橙汁生产等小课堂，让学生走进大自然，在互动中学到绿色食品知识，培养健康的生活饮食习惯。

三、标志管理

（一）完善标志商标注册

1. 商标境内注册及版权保护情况　　截至2021年底，中国绿色食品发展中心在境内注册的证明商标共涉及9个商品类别、10种形式、93件商标，基本涵盖了食用农产品和加工品。标志商标注册有效地保护和宣传了绿色食品品牌。绿色食品标志图形及绿色食品中英文组合著作权在国家版权局登记保护成功，有效期为50年，为绿色食品标志在非注册类别上的保护提供了法律依据。

2. 商标境外注册情况　　截至2021年底，绿色食品商标已在日本、韩国、法国、葡萄牙、俄罗斯、英国、芬兰、新加坡、澳大利亚、美国、中国香港等11个国家和地区成功注册，为绿色食品产品进入国际市场提供了更好的法律保护和支持。

（二）实施费用减免政策

1. 脱贫地区企业减免情况　　为推动脱贫地区加快发展绿色食品，中国绿色食品发展中心对原国家级贫困县、"三区三州"等深度贫困地区、农业农村部定点扶贫县、农业农村部对口指导京津贫困县和大兴安岭南麓片区贫困县绿色食品申报主体实行认证审核费和标志使用费全免政策。2021 年，中国绿色食品发展中心先后对 832 个原国家贫困县的 2 240 家企业共计 4 923 个产品实施收费减免政策。

2. 疫情和自然灾害影响企业减免情况　为有效降低新冠肺炎疫情和自然灾害给绿色食品生产主体造成的冲击和影响，帮助企业渡过难关，支持尽快复工复产，中国绿色食品发展中心出台相关收费减免政策，涉及 324 家企业的 674 个产品。

3. 连续续展 20 年以上企业减免情况　为进一步支持和鼓励多年用标的绿色食品企业，中国绿色食品发展中心出台相关政策，对连续续展 20 年以上的获证企业，免收标志许可审核费和标志使用费。共有 105 家企业约 320 个产品获得优惠，合计减免费用约 250 万元。

（三）开展规范用标行动

2021 年，中国绿色食品发展中心继续组织开展"绿色食品规范用标行动"，按照行动方案的活动安排与相关工作要求，全系统绿色食品工作机构精心组织、积极落实，开展了一系列富有成效的工作。中国绿色食品发展中心组织修订了《中国绿色食品商标标志设计使用规范手册》（2021 版），并于 10 月 1 日开始实施，对于不适于印刷商标标志的绿色食品产品推行使用粘贴式标签。全系统持续开展推进包装标签备案制度落实、打击假冒侵权行为、绿色食品标志知识产权保护专题研究等一系列工作。福建、湖北和省级绿色食品办公室以此次检查活动为契机，组织各市县机构深入辖区，对企业的标志使用情况进行全面了解，摸清用标情况，了解用标需求。宁波市绿色食品办公室充分结合绿色食品博览会和农产品

地理标志专展，在展会前期，对参加展会的获证主体及其包装用标情况进行专项检查，强化企业依法依规意识。宁夏绿色食品办公室为确保此次专项行动有序进行，专门下发通知，积极部署，组织学习，明确检查重点和联络人员，形成了上下联动、齐抓共管的工作格局。

通过开展规范用标行动，进一步强化了企业主动用标和规范用标，更好地提升了绿色食品品牌影响力，达到了预期目标。

四、证后监管

证后监管制度是绿色食品管理制度的重要组成部分，包括企业年检、产品质量抽检、标志市场监察、质量安全预警和公告通报 5 项监督管理制度。

（一）企业年检

2021 年，中国绿色食品发展中心完成了对山东省、青岛市、宁夏回族自治区和青海省 4 个省级工作机构的督导检查工作，走访、检查 12 家绿色食品企业。专家组采取机构检查、企业走访及座谈会等方式对相关省级工作机构企业年检工作开展情况进行监督检查，督促相关绿色食品办公室对发现的问题进行整改部署。

（二）产品抽检

2021 年，全国抽检绿色食品产品 9 139 个，比 2020 年增加了 466 个，增幅 5.4％。抽检产品数占 2020 年末产品总数的 21.38％，比 2020 年降低了 2.39 个百分点。检出不合格产品 81 个，比 2020 年增加 41 个。抽检合格率 99.11％。

（三）标志市场监察

2021 年全国参与市场监察工作的各级绿色食品办公室共 42 个，其中省（市）级绿色食品办公室 26 个，县区级绿色食品办公室 16 个；共检查了近 48 个城市或地区的 189 个各类市场。固定市场实际抽样 62 个，流动市场 127 个。共抽到样品涉及 473 个企业，占有效用标绿色食品企业总数的 2.45％。共抽有效样品 1 158 个，占有效用标绿色食品产品总数的 2.71％。其中，规范用标产品总数 979 个，占比 84.54％，同比下降 3.8 个百分点；不规范用标产品总数 173 个，占比 14.94％，同比上升 3.49 个百分点；假冒产品总数 6 个，占比 0.52％。

（四）风险预警

2021 年，中国绿色食品发展中心确定"瓜果和蔬菜质量跟踪监测""茶叶质量跟踪监测""枸杞产品质量跟踪监测""合作社产品三年预警监测结果综合分析和风险评估项目"为质量安全风险预警项目。分别委托农业农村部稻米及制品质量检验测试中心（杭州）、农业农村部食品质量监督检验测试中心（成都）、甘肃省分析测试中心、农业农村部茶叶质量监督检验测试中心、农业农村部食品质量监督检验测试中心（成都）、华测检测认证集团股份有限公司和农业农村部蔬菜品质监督检验测试中心（广州）承担相关工作。

（五）产品公告

2021 年，中国绿色食品发展中心通过《农民日报》《中国食品报》共发布 18 期产品公告，其中《农民日报》6 期，《中国食品报》12 期。通过中国绿色食品网、中国农产品质量安全网两个网站和"中国绿色食品""绿色食品博览"两个公众号发布 146 期获证产品公告。累计公告获证企业 11 385 家，产品 25 900 个，其中：初级企业 7 548 家，产品 13 800 个；加工企业 3 837 家，产品 8 500 个。公告撤销标志使用权的企业 35 家，产品 49 个，其中：初级企业 16 家，产品 19 个；加工企业 19 家，产品 30 个。

地方典型 1

河南省质量安全监管"绿剑行动"成效显著

为深入贯彻习近平总书记"四个最严"重要指示精神，落实农业农村部等七部门联合印发的《食用农产品"治违禁 控药残 促提升"三年行动方案》总体要求，河南省绿色食品发展中心在全省范围内开展了绿色食品质量安全监督管理"绿剑行动"。

1. 组织领导有力　河南省绿色食品发展中心印发了《河南省绿色食品质量安全监督管理"绿剑行动"方案》，9 月 29 日以视频会议形式召开工作部署会，省农业农村厅领导及省辖市、直管县（市）以及县（区）的主管领导和工作机构全体人员参加了视频会议，累计参会人员851人。会议强调，本次行动是保障和提升以绿色食品为代表的品牌农产品质量和信誉的具体行动，是引领和推进全省农业实施"品种培优、品质提升、品牌打造和标准化生产"采取的有力措施。会议要求各地要提高站位，统筹谋划，广泛宣传，精准落实。会后各地迅速行动，开展了对绿色食品原料标准化生产基地、绿色食品企业的监督检查、产品抽检等工作。

2. 行动落实到位　根据"绿剑行动"要求，聚焦绿色食品原料标准化生产基地，聚焦绿色食品企业中的薄弱环节，聚焦蔬果、茶叶、禽蛋、水产品等产品。工作人员通过现场检查，引导企业积极用标，指导、督促获证主体主动用标、规范用标。"绿剑行动"进一步规范了全省绿色食品生产者的用标行为，有效地维护了绿色食品品牌公信力，保障了消费者的合法权益。此次行动中全省各地绿色食品工作机构共派出人员1 128人次对全省9个绿色食品原料标准化基地，121家绿色食品企业的245个产品进行了现场检查和监督。有3家企业的3个产品不合格，已提请

河南省绿色食品质量安全监督管理"绿剑行动"工作部署会

中国绿色食品发展中心取消其绿色食品标志使用权。

3. 监管措施长效　"绿剑行动"及时发现了绿色食品原料标准化生产基地和绿色食品生产过程中存在的问题和不足，暴露出监管工作还有薄弱环节，一些制度措施尚不到位，监管力度还不够强大。需要建立长效机制，持续加大对绿色食品原料标准化生产基地和绿色食品的监管力度，加大对绿色食品的抽检力度，严格投入品管理，落实标准化生产，确保河南省绿色食品的质量和信誉。

地方典型 2

湖南省绿色食品质量管理与标志使用"双随机—公开"
行政执法检查做法与经验

湖南积极贯彻落实中国绿色食品发展中心和湖南省农业农村厅的部署和要求，转变监管理念、创新监管方式、规范监管行为，坚持依法监管，坚持公正高效，坚持公开透明，在全省范围内积极推进绿色食品质量管理与标志使用"双随机—公开"行政执法检查。2021年的主要做法和经验是：

——提高站位，加强领导。年初把绿色食品质量管理与标志使用"双随机—公开"行政执法检查列入全省农业行政检查计划之一，省农业农村厅专门制订下发《全省绿色食品质量管理与标志使用"双随机—公开"抽查工作方案》，得到市、县两级农业农村部门的高度重视。

——依法依规，公开公正。以全省"双随机—公开"行政执法检查相关法律法规和要求为依据，结合绿色食品行业监督管理的特点，建立全省统一的绿色食品"双随机—公开"行政执法检查"两库"，即农业行政执法人员库、绿色食品检查对象库。从全省统一的农业行政执法人员库中随机抽调执法检查人员，从全省绿色食品检查对象库中随机抽取检查对象开展行政执法检查，确保行政执法检查行为和结果的公开公正。

——明确重点，以检促提。制订《绿色食品质量管理与标志使用"双随机—公开"抽查考核表》，明确产地环境、质量管理体系、生产过程控制、包装储运管理、标志使用、追溯体系 6 个检查重点项目、20 项关键内容，设置违规使用禁限用生产资料或添加剂、产品抽检不合格和假冒标志等 3 项一票否决项，严查严管，以行政执法检查促行业精细化管理。

——信息公开，强化运用。检查结果及时在全省"双随机一公开"信息网站上公开公告，并以湖南省农业农村厅的名义下发《关于全省绿色食品证书持有人"双随机一公开"证后跟踪检查结果的通报》，向全省通报 158 个绿色食品证书持有人（检查对象）行政执法检查、140 个产品质量抽检的结果和存在的问题，并明确和细化下一步迅速处理不合格产品、强化日常监管、强化跟踪检查结果应用的具体措施和要求。

五、技术支撑

为夯实绿色食品产业发展基础，中国绿色食品发展中心高度重视技术支撑工作。2021 年，全系统主要在课题研究、标准体系建设、生产操作规程的示范推广、绿色生资的发展应用，以及信息化建设 5 个方面加大工作力度，全面推动绿色食品产业高质量发展。

(一) 课题项目研究

1. 香菇重金属指标比对及污染现状研究工作

2021 年，中国绿色食品发展中心委托中国农业科学院农业资源与农业区划研究所开展香菇重金属（镉）指标比对及污染现状跟踪调查研究工作，深入分析了影响香菇中镉污染的主要因素，并提出有效防控措施，为绿色食品香菇的标志许可审查和风险防控提供了重要参考。

2. 绿色食品品质、功能营养指标研究工作

2021 年，中国绿色食品发展中心委托中国农业科学院农业质量标准与检测技术研究所、中国农业科学院茶叶研究所、中国农业科学院农产品加工研究所和黑龙江省华

测检测技术有限公司 4 家单位开展辣椒、茶叶、核桃和大豆油 4 类产品的品质营养指标研究，初步确定了一些突出产品品质和营养的参数及指标。2018 年以来，中国绿色食品发展中心已连续 4 年开展绿色食品品质营养指标研究，完成了苹果、菜籽油、牛肉、鸡蛋、柑橘、牛奶、番茄、黑木耳、稻米、茶叶、核桃、辣椒和大豆油等产品的品质营养功能指标研究，部分研究成果已纳入相关产品标准。

科研典型

茶叶营养品质指标研究案例示范
——中国农业科学院茶叶研究所

为挖掘绿色食品产品品质、营养功能特征，课题以茶叶产品为研究对象，对我国茶叶品质及营养指标开展研究，为构建绿色食品茶叶营养品质评价体系，促进茶产业的高质量标准化发展提供参考依据。

——选择要研究的主要茶类产品

我国茶叶产品种类繁多，由于各类茶叶产品特定的生产和加工方式，各类茶叶产品内在成分差异很大，产品特性各异，需要针对每一类茶叶产品找到相应的品质评价方式。课题通过分析产业发展实际，研究对比相关产品标准，探讨确定适用于绿色食品茶叶品质、营养功能评价标准课题研究的具体产品类型。

——确定茶叶特征营养品质指标

针对确定产品的特点，通过查阅文献资料，收集大量的数据分析，根据茶叶产品特征，选取总体能反映茶叶品质的水浸出物含量水平指标；营养成分选取可溶性糖、游离氨基酸等代表性指标；在功效成分/特征性成分方面，选择茶叶中特征性成分茶多酚、茶氨酸、咖啡因，以及红茶中的茶黄素、茶红素，乌龙茶中的茶多糖等成分。

——对 2018—2020 年质检中心所检的 12 646 批次绿茶、3 863 批次红茶、1 196 批次乌龙茶样品实验室检测数据库数据及品质开展相关性分析。

——对各茶类所设定营养成分和功效成分（特征性成分）指标含量建议值进行系统分析验证。

一杯茶里有什么

有茶多酚、氨基酸、生物碱、色素、矿物质、糖类、芳香物质、水分……

蛋白质
人体所需的重要营养物质，占20%~30%

氨基酸
降压安神、调节脂肪代谢，占1%~4%

茶多酚
消炎抑菌、延缓衰老、抗癌等，占20%~30%

糖类
补充能量，占20%~25%

类脂质
调节人体细胞的渗透压，约占8%

生物碱
提神利尿、促进血液循环、降低胆固醇等，占2%~5%

维生素
保护视力，增强抵抗力，抗氧化、抗衰老，占0.6%~1%

矿物质
防止味觉异样，防止皮肤过敏，增强免疫，防蛀牙等，占3.5%~7%

芳香物质
决定了茶叶香气的浓淡

茶色素
天然色素，决定茶干茶汤颜色

——广泛征求全国各地收集绿色食品茶叶相关企业、消费者和专家的意见。

——总结分析：本课题共收集整理相关国家和行业茶叶产品标准93项，营养品质数据40 079条，营养品质特征性指标76种。采集样品260份，对部分营养指标进行测定验证。通过课题的研究，探索确立了体现绿色食品茶叶产品品质、营养功能的指标项目及指标建议值，使产品更赋有其自身优质、营养、健康的品质特性，进一步补充完善了绿色食品标准体系，引导茶产业向绿色优质化发展。

3. 农民专业合作社发展绿色食品、有机农产品、地理标志农产品情况调研

2021年，中国绿色食品发展中心委托中国农村合作经济管理学会开展农民专业合作社发展绿色食品、有机农产品、地理标志农产品情况调研，通过认证情况溯源、抽样调查、典型案例研究，深入分析合作社发展绿色食品、有机农产品、地理标志农产

品面临的难点，为进一步推动合作社发展绿色食品、有机农产品、地理标志农产品提出意见建议。

中国农业科学院茶叶研究所项目研究人员

（二）标准体系建设

1. 绿色食品标准制修订工作

组织 10 家单位完成 16 项标准的制修订工作，包括修订 2 项准则类标准、13 项产品标准和新制定 1 项产品标准（《绿色食品 冲调类方便食品》），弥补了银耳莲子羹等方便食品申报绿色食品的需求。

发布实施了《绿色食品 产地环境质量》等 40 项绿色食品标准，包括 4 项准则类标准和 36 项产品标准，其中 3 项为新制定产品标准。截至 2021 年底，现行有效绿色食品标准 142 项，其中准则类标准 14 项，产品标准 128 项。依据最新标准，调整并发布了 2021 版《绿色食品产品适用标准目录》。

2. 区域性绿色食品生产操作规程编制

2021 年，中国绿色食品发展中心在征求各地工作机构意见的基础上，组织安徽、湖北、重庆、四川、陕西、甘肃、青海、宁夏的 8 家省级绿色食品工作机构和中国农业科学院蔬菜花卉研究所、中国农业科学院郑州果树研究所、山东省农业科学院农业质量标准与检测技术研究所 3 家科研单位及黑龙江农垦职业学院绿色食品研究所共 12 家单位，编制了樱桃、枸杞、百合、莲藕、藏羊等 12 个种类 31 项绿色食品生产操作规程，有效解决了地方特色产品缺少绿色食品规程的问题。

截至 2021 年底，中国绿色食品发展中心已发布实施 212 项绿色食品生产操作规程，涉及大田作物、蔬菜、水果、茶叶、水产、肉蛋、粮油等 60 多个品种，覆盖现有绿色食品品类 90％以上。出版发行了《绿色食品生产操作规程》系列丛书，为指导各地开展绿色食品标准化生产提供了重要参考。

地方典型

湖北省强化组织保障和责任担当　高起点严要求完成规程编制任务

湖北省绿色食品管理办公室和湖北省农业科学院农业质量标准与检测技术研究所高度重视绿色食品生产操作规程编制工作，2021 年，高质量完成《长江流域绿色食品莲藕生产操作规程》和《长江中下游地区绿色食品生姜生产操作规程》的编制任务，主要做法如下。

——高度重视，强化组织保障和责任落实。参与制标的两家单位联合成立了由博士研究员牵头、其他科研人员协同的工作专班，编制整体规划和任务时间表，统筹协调规程编制工作。专班内设 2 个规程编制团队，专司产业调研、资料查阅、文本编制和校对等工作。专班每月召开一次碰头会，确保在规定时间内完成相关工作任务。

——广泛调研，确保规程的实用性和代表性。工作专班紧紧围绕绿色生产和生态环保理念，广泛收集相关论文、著作、标准等文献资料，形成规程编制实施方案。根据绿色食品生产规程编制要求，与兄弟省份单位合作设计了《种植情况现状调查表》，深入田间地头，广泛搜集相关省份的生产企业、专业合作社、家庭农场和种植大户等有关莲藕、生姜的种植情况。通过对 655 份调查表收集汇总，重点分析农业投入品使用情况、病虫草害综合防治情况，利用调研成果，完成规程预编，确保规程的实用性和代表性。

——多次预审，确保规程科学性和完备性。按照规程适用范围，函请湖北、重庆、

专班科研人员深入基地调研莲藕种植情况

四川、福建、浙江、安徽、湖南、江苏等地主管部门和科研院所对标准进行函审，征集修改意见，进一步修改完善标准文本，形成预审稿。多次召开规程预审会，邀请科研院所、农技推广等部门的专家对文本进行集中评审，听取意见建议，进一步完善规程文本。

为确保规程顺利通过终审，制标单位还成立了答辩工作小组，确保两项规程顺利通过验收，圆满完成工作任务。

（三）绿色食品标准规程推广

1. 绿色食品生产操作规程"进企入户"行动 中国绿色食品发展中心在总结2019年、2020两年绿色食品生产操作规程"进企入户"示范行动经验和做法的基础上，2021年在全国范围内全面开展绿色食品生产操作规程"进企入户"行动。

为开展好"进企入户"行动，中国绿色食品发展中心印发了《绿色食品生产操作规程"进企入户"行动实施方案》。方案开创性地提出探索建立绿色食品科技成果转化试验站、打造绿色食品现代农业全产业链标准化生产样板，充分发挥绿色食品在"品种培优、品质提升、品牌打造和标准化生产"中的重要作用，助推农业高质量发展。

北京久运河谷种植专业合作社墙面展板

2021年，各省份积极开展"进企入户"，累计印制绿色食品相关规程、标准及手册21万册，发放明白纸、挂图、挂板等资料51万张，通过《翠花牵线》《田间示范秀》等电视栏目，广泛宣传标准化生产；累计组织相关培训475期，培训人数达25万。

地方典型1

北京市绿色食品生产操作规程"进企入户"工作亮点纷呈

按照中国绿色食品发展中心关于全面推进绿色食品规程标准"进企入户"的要求，北京市农产品质量安全中心结合北京市农业农村局"进村入户下基层，我为群众办实事"活动，积极开展相关工作。

　　——汇编绿色生产规程并引导企业执行。将近年来发布的适用于北京地区的44项绿色食品生产操作规程分类汇编成册，按行业发放给已获证的生产企业，指导生产基地实际生产。

　　——全面开展标准宣贯和规程培训指导。结合市农业农村局"进村入户下基层，我为群众办实事"的活动，工作人员每人对接一个以上绿色食品生产基地，负责基地绿色食品申报/续展材料辅导、生产技术提升、标准规程培训等工作，做到就近、就地办培训，田间、地头贯标准，将技术服务做到位，把标准培训做到家。

　　——精心设计，坚持发放绿色食品"明白纸"和记录本。依据最新的《绿色食品　农药使用准则》等6项绿色食品通用准则，制作了简明扼要的塑封挂板明白纸，广泛应用于全市绿色食品生产基地的大棚、资料库、包装车间及企业宣传栏。编制并发放体现全程质量控制理念的绿色食品生产记录本，将简明扼要的技术标准与生产记录有机结合，既方便生产企业做日常农事操作记录，也成为生产技术人员的指导工具书。

北京京纯养蜂专业合作社的"蜜蜂大世界"科普教育基地

　　——巧妙构思，推动绿色食品动漫宣传展板上墙。设计制作了具有自有知识产权的动漫宣传画，连续多年制作展板给新获证企业安装，内容包含绿色食品理念、标准定位、技术要求等，以生动的卡通形象向生产基地和消费者宣传绿色食品理念和标准，既提升了生产基地的文化层次，也吸引了广大消费者前往基地采摘。展板深受绿色食品企业的欢迎。

2. 农业绿色发展新模式探索 为推动中国绿色食品发展中心与中国农业大学、河北省曲周县政府合作发展绿色食品产业，2021年5月，应中国工程院院士、中国农业大学教授张福锁邀请，中国绿色食品发展中心张华荣主任、杨培生副主任一行赴曲周县走访调研中国农业大学曲周实验站、科技小院、优质麦示范基地等科研基地。曲周县是第一批国家农业绿色发展先行区，努力践行"乡村振兴、绿色发展"战略，深化产学研合作，推行县校合作工作机制，瞄准特色产业，创新实践技术模式，积极开展农产品品牌培育，探索了颇具特色的农业绿色发展之路。

2021年12月，中国绿色食品发展中心、中国农业大学国家农业绿色发展研究院

张华荣主任一行赴河北省曲周县调研

与曲周县人民政府签署了三方合作框架协议。三方探索建立曲周绿色食品科技成果转化试验站和现代农业全产业链标准化生产样板，推动曲周地区绿色食品、有机农产品、地理标志农产品发展，把曲周县打造为"全国绿色食品高质量发展先行区"，示范引领我国农业绿色高质量发展。

3. 绿色食品科技小院建设　为积极推广绿色食品生产方式，加快补齐标准规程推广落后的短板，2021 年，中国绿色食品发展中心与中国农业大学签订了建设河北曲周、江西赣南绿色食品科技小院协议，共同推动绿色食品科技小院建设。2021 年 9 月，中国农业大学绿色食品赣南脐橙科技小院在江西省安远县鹤子镇建成。

资料介绍：绿色食品科技小院是由中国农业大学张福锁院士团队和中国绿色食品发展研究院（中国绿色食品发展中心）共同发起创立的，由中国农业大学研究生直接驻扎在农村和生产第一线，与农民、企业、政府开展科技创新、人才培养和"四零"服务（零距离、零时差、零门槛、零费用），助推小农户增产增收，成为新时代农业绿色发展的新模式。

地方典型

赣南脐橙科技小院

赣南脐橙科技小院由中国绿色食品发展中心、中国农业大学、江西农业大学、国际镁研究所共同指导建立。以测土配方施肥技术、绿色高效生产技术为核心，以科技小院所在地为根据地，针对纽荷尔等脐橙品种进行技术培训、总结和引进创新的农业技术的服务团队。科技小院于 2021 年初开始筹划建设，由李学贤教授带领绿色食品课题组，分别于 5 月、9 月前往赣南地区调研绿色脐橙食品企业共 30 余家，9 月确定在于都县璞实生态农业有限公司和安远县仙人峰果业专业合作社生产基地建立科技小院。

在科技小院的实践学习过程中，研究生们发现果园中存在很多亟待解决的问题，如红蜘蛛、潜叶蛾等病虫害，干旱缺水、缺素症、裂果等。当地农业部门领导非常关注项目开展情况，多次亲临小院，希望协同解决问题。

经实地调研和科学比较，初步得出结论：绿色种植模式与普通种植模式相比，不仅果实产量更高、品质更优，而且可以减少化学氮肥和化学农药的投入量，提高资源利用率，促进农业提质增效、农民增收致富。

赣南脐橙科技小院

（四）绿色食品生产资料

2021 年是绿色食品生产资料快速发展的一年。在中国绿色食品发展中心的正确指导下，中国绿色食品协会攻坚克难，稳步推进，在做好新冠肺炎疫情常态化防控的同时，确保绿色食品生产资料标志许可工作平稳、有序开展，获证总量及增长率均达到历史新高。

1. 适应疫情防控常态化环境，推动绿色食品生产资料工作稳中向好发展　2021年共受理绿色食品生产资料申请用标企业 97 家，产品 354 个，其中续展企业 41 家，占 42.27%。截至 2021 年 12 月 15 日，全国绿色食品生产资料有效用证企业 197 家，有效用证产品 733 个，同比分别增长 18.0%、20.4%。其中，肥料企业 98 家，产品 222 个；农药企业 48 家，产品 235 个；饲料及饲料添加剂企业 42 家，产品 262 个；食品添加剂企业 9 家，产品 14 个。

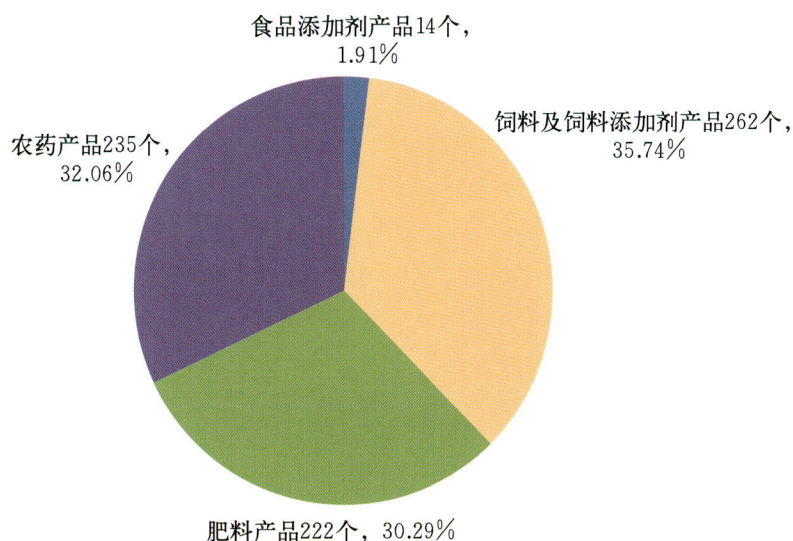

2021 年全国绿色食品生产资料产品类别

从地域发展来看，绿色食品生产资料获证企业总数前 6 位的省份分别是山东、江苏、安徽、河南、浙江、广东，分别是 22 家、19 家、15 家、14 家、13 家、11 家；获证产品总数前 6 位的省份分别是山东、浙江、广东、江苏、四川、上海，分别是 84 个、74 个、69 个、64 个、61 个、53 个。获证企业数增长较多的省份有安徽、甘肃、浙江，分别增加了 10 家、6 家、5 家；获证产品数增长较多的省份有浙江、安徽、江苏，分别增加了 40 个、20 个、18 个。山西、宁夏、重庆、江西 4 个省市均首次提出绿色食品生产资料申请并获得证书，实现了绿色食品生产资料"零"的突破。

2. 召开"加快绿色食品生产资料发展专题座谈会"，研究加快推进绿色食品生产资料工作措施 为打开绿色食品生产资料工作新局面，助力绿色食品高质量发展，2021 年 5 月 20 日，中国绿色食品发展中心在京召开了"加快绿色食品生产资料发展专题座谈会"，相关业务处室和中国绿色食品协会秘书处负责人参加了座谈。会议通报了绿色食品生产资料发展的现状、面临的困难和存在的主要问题、下一步发展思路和诉求等工作情况。座谈会对如何有效支持绿色食品生产资料加快发展进行讨论，提出了有针对性的意见和建议。

3. 加强培训，优化指导，强化绿色食品生产资料管理员队伍建设　为不断提升绿色食品生产资料管理水平，加强体系队伍能力建设，2021 年 4 月 26～29 日，中国绿色食品协会在浙江杭州举办"全国绿色食品生产资料管理员培训班"，采取理论课面授和现场检查实地教学相结合的培训模式，全面系统地对绿色食品生产资料管理员进行业务培训。培训班还邀请业内专家，分别就"绿色食品投入品要求"和"《绿色食品农药使用准则》解析"两个专题开展讲座，广大学员受益匪浅。

绿色食品生产资料管理员现场培训

4. 拓宽食品生产资料产品流通渠道，促成绿色食品生产资料示范店建设验收　为进一步加强绿色食品生产资料认定产品的推广与应用，中国绿色食品协会绿色食品生产资料专委会启动了绿色食品生产资料"线上线下流通供应体系"的建设和试点工作，通过"示范店"形式展示绿色食品生产资料品牌形象，引导农资流通领域聚焦绿色食品生产资料，努力推动绿色食品生产资料产品在绿色食品基地的试验示范，以达到相互促进、共同发展的目标。按照《绿色食品生产资料示范店建设标准》及相关管理制度的要求，经过推荐申请、资料审核、创建提升、实地考察、再次审核等环节的把关和验收，截至 2021 年底，首批 25 家示范创建店完成验收和公示，获得"绿色食品生产资料推广应用示范店（绿色食品生产资料推广服务中心）"称号。

陕西省周至县绿色生资推广应用示范店

（五）信息化建设

2021年，中国绿色食品发展中心继续加大信息化工作力度，在做好网络安全保障、现有业务信息系统运维、业务信息推送服务、门户网站管理等工作的同时，重点推进国家绿色有机地标农产品管理服务平台建设。

1. 继续推进管理服务平台建设　按照农业农村部信息化专项工作的统一部署，基于现有金农工程绿色食品、有机农产品、农产品地理标志业务信息系统功能应用，整合形成了国家绿色有机地标农产品管理服务平台，搭建了平台总体框架和基础运行环境。为了适应事业加快发展、满足业务工作实际需要，中国绿色食品发展中心将基于整合后的国家绿色有机地标农产品信息化平台进行功能扩展升级。2021年，全面梳理了绿色有机地标农产品业务现状和用户需求，提出了业务流程优化思路，绘制了全链条的业务流程模型，完成了平台的总体设计工作。

2. 开展金农工程绿色食品信息系统功能调整优化　在做好现有金农工程绿色食品信息系统运维工作、保障业务平稳开展的同时，中国绿色食品发展中心根据业务需求，组织系统运维单位对绿色食品信息系统部分功能做了进一步调整优化，并正式投入使用，保证了系统适配实际业务流程，提升了系统安全性和运行速度。

3. 保障绿色食品企业内检员系统稳定运行 为了保障绿色食品企业内检员线上培训管理工作顺利开展，支撑绿色食品申报工作，中国绿色食品发展中心协调系统承建单位继续做好该系统的运维服务与技术支持。2021年，通过该系统培训、考试、注册、获证的绿色食品企业内检员共计34 885人，其中新注册获证17 272人，再注册获证17 613人。

4. 继续开展绿色食品企业短信推送服务 基于现有绿色食品信息系统业务数据，利用农业农村部12316三农信息服务平台，继续向广大绿色食品申报企业及时推送受理、审查、签约、颁证等8个环节的手机短信通知，方便企业了解绿色食品标志许可业务工作进展。2021年，共向绿色食品企业发送56 776条短信，平均每个工作日216条。

5. 加强中国绿色食品发展中心网站运行管理 2021年，通过中国绿色食品发展中心网站发布产业发展、业务工作、数据资料等动态信息1 014条，比2020年增加

43％。网站全年总访问人数约 280 万人，总访问次数约 808 万人次，同比分别增长 57.6％和 67.6％，按照网站访问量统计，在农业农村部直属单位网站群排名第四。

中国绿色食品发展中心网站地址：

http：//www. greenfood. org

http：//www. greenfood. org. cn

http：//www. greenfood. agri. cn

六、体系队伍

绿色食品的体系队伍主要包括绿色食品工作机构、绿色食品定点检测机构、绿色食品"三员"队伍和绿色食品专家团队 4 个组成部分。

（一）工作机构

截至 2021 年，全国已建立省级绿色食品工作机构 36 个，地（市）级绿色食品工作机构 389 个，县（市）级绿色食品工作机构 2 502 个；全国县（市）及以上机构共有专职工作人员 3 298 人，兼职人员 4 557 人。

2021 年全国绿色食品工作体系与队伍

机构及人员	单　　位	数　　量
省级机构	个	36
人员	人	662
专职人员	人	474
兼职人员	人	188
地（市）级机构	个	389
人员	人	1 478
专职机构	个	163
人员	人	842
专职人员	人	523
兼职人员	人	319
挂靠机构	个	226

（续）

机构及人员	单　位	数　量
人员	人	636
专职人员	人	196
兼职人员	人	440
市（县）级机构	个	2 502
人员	人	5 715
专职机构	个	537
人员	人	1 712
专职人员	人	1 070
兼职人员	人	642
挂靠机构	个	1 965
人员	人	4 003
专职人员	人	1 035
兼职人员	人	2 968

（二）定点检测机构

绿色食品定点检测机构为产地环境检测和产品检测提供重要支撑，同时也为标准制定、风险预警等工作提供技术支持。截至2021年底，全国共有绿色食品定点检测机构94家。

2021年中国绿色食品发展中心通过能力验证等多种方式，着力提升定点检测机构的能力水平。

——组织绿色食品产品定点检测机构参加农药残留检测技术能力验证。本年度能力验证考核范围包括甲胺磷等共计80项，均为目前农产品中农药残留检测关注的重点，且在《食品安全国家标准　食品中农药最大残留限量》（GB 2763—2019）标准中有残留限量要求的农药种类；涵盖了生产中常用的杀虫剂、杀菌剂、除草剂和植物生长调节剂等几大类别，化合物类型方面涉及有机磷类、拟除虫菊酯类、氨基甲酸酯类等几大常见类型的农药种类，同时还包含了一些近年来使用量较大、应用范围较广的单一农药种类。根据我国绿色食品认证情况以及绿色食品定点检测机构能力情况，本次能力验证确定以目前认证数量最多的蔬菜和稻米作为考核样品基质。通过多年开展能力验证工作，定点检测机构能力得到大幅提升，2021年能力验证考核总体合格率达到100%。

——对甘肃和云南的定点检测机构开展飞行检查工作。对2020年2家飞行检查不合格单位和2家能力验证不合格单位进行整改考核验收。

——采取线上培训方式举办2021年绿色食品检查员监管员师资培训班暨绿色食品定点检测机构培训班。本次培训班经广泛调研为定点检测机构精心准备了针对性、实用性强的课程内容，详细讲解了绿色食品检测最新需注意的常见问题、分析了绿色食品监督检查中发现的主要问题，对定点检测机构潜在质量安全风险进行了分析。培训班覆盖面广，课程内容丰富，得到学员一致好评。

地方典型

广州市农业科学院农业环境与农产品检测中心以科技支撑筑牢食品安全防线

广州市农业科学研究院农业环境与农产品检测中心是绿色食品、有机食品和农产品地理标志定点检测机构。该机构高度重视农产品质量安全和检验检测技术研发，在绿色食品、有机食品和农产品地理标志检验检测和技术支撑方面发挥了重要作用。

广州市农业科学研究院农业环境与农产品检测中心全体员工

1. 发挥检测与预警技术优势，严把高质量农产品安全关口　积极承担中国绿色食品发展中心认证检测和监督抽检任务。严格遵守各项要求，确保整个工作流程

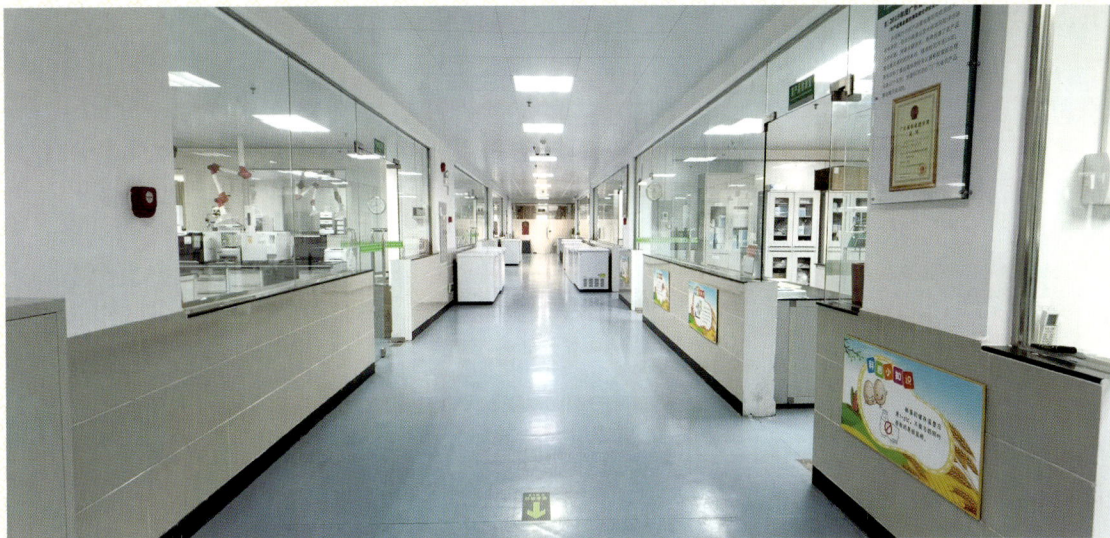

广州市农业科学研究院农业环境与农产品检测中心实验室

切实做到抽样规范，检测严密，判定准确，报告及时，从技术上为品牌农产品从源头到终端把好产品质量安全关。

为申报和证后监管提供技术支撑。通过对掌握的数据进行分析，结合"合作社绿色食品质量安全预警项目""绿色食品瓜果和蔬菜产品质量安全风险预警"等课题研究，归纳总结品牌农产品在标准、监管、认定方面存在的易忽略环节和风险隐患点，为品牌农产品的申报和证后监管提供科学依据。

2. 集成高质量农产品生产技术，完善高质量农产品标准体系 积极参与中国绿色食品发展中心组织的绿色食品标准体系规划研究、标准制修订、标准验证等工作。制定绿色食品产品标准时，深入研究对比 CAC 及美国、欧盟和日本等的标准体系，同时兼顾我国相关产品生产实际水平和贸易状况，既体现绿色食品高于普通产品的生态环境要求和品质质量要求，又确保标准能够指导企业规范化生产，凸显绿色食品产品标准的科学性、先进性、实用性。承担中国绿色食品发展中心品质研究等课题，建立农产品品质评价体系，为高质量发展提供技术支撑。

3. 加强院地合作，指导基层开展农业绿色生产转型 以《绿色食品标志审查工作规范》《绿色食品现场检查工作规范》《有机产品生产、加工、标识与管理体系要求》为基础，结合绿色食品和有机产品标准体系配套技术资料，通过以专家服务团、科技特派员、带培本土专家等方式打造出的科技队伍，在全省范围内有针对性地开展绿色有机农业生产培训与现场指导。已在粤东西北 10 多个主要农业地级市开展服务工作，为广东省农业向绿色生产转型作了丰富的储备，同时提高了绿色食品工作机构的技术审查效率。

（三）"三员"队伍

绿色食品检查员、监管员和企业内检员是推动事业发展的重要技术力量，"三员"队伍能力提升是事业发展的基础工作。截至 2021 年底，全系统有效检查员 4 160 人、监管员 2 960 人，企业内检员 32 659 人。2021 年，中国绿色食品发展中心在"三员"技能提升方面主要做了以下几项工作。

1. 举办绿色食品检查员监管员业务培训班　2021 年，全系统共举办 26 期绿色食品检查员监管员培训班，累计培训 4 323 人次。因新冠肺炎疫情原因，现场培训受到限制，为了不影响工作的开展，中国绿色食品发展中心尝试通过理论课线上培训，现场教学分小组进行的方式，有效解决检查员监管员业务能力提升问题。上半年指导福

2021年绿色食品检查员监管员师资培训班暨定点检测机构培训班

建绿色食品办公室举办一期福建省"两员"线上培训班，下半年举办了全国绿色食品检查员监管员师资培训班暨定点检测机构线上培训班。培训班课程内容丰富，实用性强，师资水平高，培训取得良好成效。

2. 举办检查员现场检查技能提高培训班　中国绿色食品发展中心在西宁成功举办了检查员现场检查技能提升培训班，来自34家省级绿色食品工作机构的102名绿色食品检查员和6家绿色食品定点检测机构的7位高级管理人员参加了培训。培训班围绕"优化结构、防控风险、提升质量"的基本工作目标，通报2021年绿色食品审核和监管各项重点工作，部分省地市工作机构代表、先进检查员代表和检测机构代表作了交流发言，在资深检查员的带领下对奶茶粉产品生产现场开展了现场检查教学实践活动。培训班主题明确、内容丰富、会风务实、成效显著，圆满完成会议预期目标。

绿色食品检查员现场检查技能提高培训班

3. 开展检查员绩效考评与"三区三州"优秀表彰　为进一步强化队伍建设，发挥先进典型的引领作用，中国绿色食品中心对2020年度考核"优秀"等次的检查员及在"三区三州"帮扶工作中作出贡献的先进集体及个人予以通报表扬，号召系统上下向先进学习，向标兵看齐，担当尽责，共同为推进绿色食品高质量发展、助力全面推进乡村振兴作出更大贡献。

中国绿色食品发展中心文件

中国绿色食品发展中心文件

中绿审〔2021〕15 号

中绿审〔2021〕9 号

中国绿色食品发展中心关于公布 2020 年度绿色食品检查员、监管员考核结果的通知

各地绿办（中心）：

2020 年，绿色食品工作系统检查员、监管员坚决贯彻落实党中央、国务院决策部署及农业农村部工作要求，严格履行审查监管责任，不断提高工作质量效能，为扎实推进绿色食品高质量发展作出了重要贡献。为进一步强化体系队伍建设，发挥先进典型的引领作用，依据《绿色食品检查员工作绩效考评实施办法》《绿色食品标志监督管理员工作绩效考评实施办法》，经严格考核、推选和综合评定，2020 年度共有 225 人被评为绿色食品检查员考核"优秀"等次，312 人被评为绿色食品监管员考核"优秀"等次。名单附后。

2021 年是绿色食品事业全面开启"十四五"时期高质量发展新征程起步之年，做好审查和监管工作至关重要。希望优秀检查员、监管员珍惜荣誉、再接再厉，继续发挥模范带头作用，

中国绿色食品发展中心关于表扬对口帮扶"三区三州"绿色食品发展工作做出贡献的集体和个人的通知

相关绿办（中心）：

2020 年是决战决胜脱贫攻坚战关键之年，全国绿色食品工作系统组织开展了"三区三州"对口帮扶工作。各相关省级工作机构提高政治站位，强化责任担当，真心实意谋划，真抓实干扶持，真金白银投入，积极推动"三区三州"绿色食品产业扶贫、品牌扶贫工作，对"三区三州"脱贫攻坚、农民脱贫致富做出重要贡献。

为表彰先进、树立典型、弘扬脱贫攻坚精神，中心决定对"三区三州"绿色食品对口帮扶工作中做出贡献的上海市农产

检查员、监管员绩效考评通知　　　　　　"三区三州"优秀集体和个人表彰

4. 积极推进企业内检员培训管理系统　中国绿色食品发展中心积极支持"福建绿色食品审核管理平台"试点运行，与福建软件公司对接做好企业内检员培训管理系统

绿色食品企业内检员培训管理系统

维护（在线答疑、管理人员更新等）和再注册功能设计优化，实现了内检员证书到期系统提醒和短信推送功能，截至 2021 年 12 月 31 日，新注册内检员 16 132 人，有效内检员 32 659 人。

5. 编写《绿色食品工作指南（2021 版）》　为保持培训教材的权威性，中国绿色食品发展中心继续编辑出版《绿色食品工作指南（2021 版）》，作为全系统工作机构的工具书以及培训班指定教材。

地方典型

建体系　强队伍　重服务　持续提升绿色优质农产品事业支撑能力

近年来，浙江省创新工作方法、融合工作手段、深化工作理念，以队伍培训全覆盖为抓手，以专家服务强支撑为保障，以数字化改革集成为牵引，体系队伍建设有了新成效，支撑服务能力有了新突破。主要做法如下：

——强化技能培训，实现体系队伍全覆盖。统筹两个"三品一标"，突出标准落地和实操技能，实施千人培训工程，开展"五员"轮训，2021 年省级举办培训班 8 场，省级安排专项经费 160 万元，培训绿色食品检查员、监管员、地标核查员

绿色食品专业技术培训现场教学

300人次，企业内检员450人次，生资管理员250人次。积极指导各地市举办各类培训班10余期，累计培训"五员"2 500余人次。依托浙农云平台和绿色食品内检员培训系统，线上培训无公害内检员1 000余人次、绿色食品内检员400余人次。同时，组织绿色食品检查员专业技能竞赛，评选优秀检查员，并制定检查员、监管员考核评分细则，年终择优推荐至中国绿色食品发展中心参加评优。

——强化专家联盟，实现技术服务强支撑。统筹高校、科研院所和体系内的技术专家200余人，建成省级"专家库"5个。组建省级培训师资库，2021年举办讲座50余次，制作培训课件20余个，推送学员学习；组建"浙农优品"团标评审专家库，评审发布省级团体标准29项；组建集中评审专家库，全年集中评审绿色食品和无公害农产品材料1 460份；成立主体监管服务专家组，组织交叉检查、回头看等活动，服务主体1 700余个次，发现问题100余条；组建监测评标专家库，服务保障省级绿色优质农产品监测计划实施。

——强化数字赋能，推动业务管理精准化。根据省委和厅党组统一部署，实施数字化改革一号工程，开发建成了浙江省"一标一品"申报管理系统，初步打通省级以下机构数字化申报、无纸化监测、精准化服务、一键化处理、闭环化管理等核心业务一件事集成办，整个绿色优质农产品管理体系的数字化集成逐步向数智跃升，实现了体系管理服务交互化、实时化。组建地市质监工作群、"一标一品"四员交流群和全省绿色食品内检员企业微信群，构建信息沟通、资源共享、学习交流的省域公共平台，有效提高工作效率。

（四）专家团队

绿色食品专家团队是绿色食品事业发展强有力的技术支撑。为充分利用社会资源和专业技术力量，中国绿色食品发展中心组建了一支高效精干的专家队伍，根据事业发展需求和业务需要，不断完善专家结构、补充专家资源。目前，参与绿色有机地标农产品工作的专家累计400余人，其中核心专家100余人。这些专家主要来自科研单位、检测机构、大专院校以及相关行政管理部门等业务领域，主要参与绿色食品理论研究、标准制修订、标志许可审核以及日常业务咨询等工作，为促进绿色食品事业发展作出了积极贡献。

2021 年，中国绿色食品发展中心组织召开 15 期线下和 3 期线上专家评审会，累计邀请专家 214 人次。

七、品牌宣传

2021 年，中国绿色食品发展中心主要通过组织全国范围的绿色食品宣传月活动、保持与部属媒体或单位的长期合作，以及利用新媒体等渠道开展品牌宣传工作。

（一）全国绿色食品宣传月

"春风万里　绿食有你"绿色食品宣传月活动是中国绿色食品发展中心组织推动的全国性大型公益系列宣传活动，已连续 4 年组织开展。2021 年 4 月 22 日，绿色食品宣传月首场启动仪式在北京新浪直播间举行，邀请了尼勒克县、柯坪县、岳普湖

"春风万里　绿食有你"绿色食品宣传月活动启动仪式

县、策勒县和察布查尔锡伯自治县5名脱贫地区县长为本地区内具有代表性的绿色食品企业代言宣传，对15家绿色食品企业的38款绿色食品产品进行了推介，现场直播间观看近200万人次。沙雅罗布麻蜂蜜、丝路红大红枣、红果实纯红花籽油、丝麦耘雪花粉、艾力努尔土各曼面粉、香瓜子等10余款绿色农产品在新浪微博、中国经济网等多个平台受到消费者的欢迎，销售商品2 000多单，销售金额18.31万元，让消费者在了解新疆绿色食品的同时，还可以足不出户购买和品尝到新疆地区优质绿色农产品。据统计，活动当天新浪微博"春风万里　绿食有你"关键词搜索阅读量达到1.2亿。

宣传月期间，北京、天津、河北、山西、内蒙古、山东、四川、甘肃等34个省级绿色食品工作机构陆续开展了线上线下集中宣传活动共计691场，线上通过多种互联网渠道开展，线下通过产品现场展示、知识普及宣传、产销对接及脱贫地区产品推介等方式开展。据不完全统计，本次活动产销对接意向签约金额9.04亿元，涉及265个脱贫地区的741家绿色食品企业，相关宣传报道1 264篇。

新疆察布查尔锡伯自治县县长推介当地特色农产品

地方典型1

广　西

广西壮族自治区绿色食品发展站于2021年3～9月持续开展广西2021"春风万里　绿食有你"绿色食品宣传月系列专题活动，呈现活动多、持续长、效果好的特色。宣传月期间，组织绿色、有机食品企业举办了广西壮族"三月三"传统节庆消费节、广西外贸优品旗舰店（京东）线上宣传、"地标＋绿色"专题宣传、南宁航洋国际城绿色食品宣传月活动启动仪式、"绿色食品研学游"等线上＋线下相结合模式的系列宣传活动。通过发放宣传手册、现场展销展卖、企业入选电商平台主题宣传、主播实地探访、专家在线解读等丰富多样的创新方式，宣讲推介绿色食品知识，立体展现绿色食品基地的产品、标准、技术、建设以及产业成就。其间，活动

广西壮族自治区绿色食品宣传月活动现场

广西壮族自治区绿色食品宣传月

现场的线上直播观看多达 23 万人次，活动前期开展了小程序绿色食品知识有奖问答活动，访问人数达 3 万人次。来自南宁市多所小学学生组成的"绿色食品研学游"小粉丝团在广西农业科学院玉米研究所的研究员和广西绿色食品发展站、横州市农业农村局的工作人员带领下，走进横县甜玉米的加工和种植基地和中华茉莉园，与全国网友直播分享横县甜玉米美食，学生们在互动娱乐中潜移默化地了解绿色食品基本知识。系列活动的开展增强了品牌知名度，让绿色食品走进了千家万户。

地方典型 2

湖 南

湖南省共组织开展了 38 场次绿色食品进社区、进学校、进超市活动。各级绿色食品办公室邀请当地知名媒体记者对宣传月活动现场进行直播报道，深入绿色食品企业进行典型经验挖掘采访。活动期间邀请湖南日报、三湘都市报、湖南科技报、湖南广播电台、湖南红网，以及市县级电视台、报社等媒体进基地、进企业、进市场共 20 场次，在各类媒体上发布宣传报道 100 余篇，宣传绿色食品、有机农产品、农产品地理标志企业，讲好品牌故事，让广大消费者能更加直观地了解绿色食品、

湖南省绿色食品宣传月 LED 屏宣传

有机食品和农产品地理标志，提升品牌公信力和影响力。同时，省内各市州进行宣传联动，在长沙市最繁华地段五一广场锦绣中环 LED 屏上播放时长 10 秒的"春风万里 绿食有你"宣传广告，每日播放 200 次，播放时间为 15 天，各市（州）与省里同步，唱响全省绿色食品宣传月主旋律；在长沙市中心城区位置最优越、客流量最大的 9 家影院进行电影映前"春风万里 绿食有你"广告宣传，广告时长 15 秒，播放时间为 15 天；在湖南省农业农村厅悬挂绿色食品宣传月宣传条幅 8 条。通过宣传动员，全省大部分市（州）和 25 个县（市、区）同期举办了活动，全省联动互动效果良好，绿色食品影响力进一步扩大。

（二）部属媒体合作

中国绿色食品发展中心与农民日报、中国农村杂志、农产品质量与安全、优质农产品、农业农村部农产品质量安全中心等部属媒体与单位持续开展合作，以开设

《农民日报》刊登头版文章《新征程 再出发——绿色食品产业"十四五"发展规划综述》

专版、专栏、专题等方式，系统、持久地做好绿色食品品牌宣传工作。2021年，共发布"两品一标"相关报道100余篇。其中，《农民日报》发表的头版文章《新征程 再出发——绿色食品产业"十四五"发展规划综述》、一版评论员文章《如何理

关注

5月25日，绿色食品有机农产品和农产品地理标志工作座谈会在江西南昌召开。会议对"十三五"时期绿色有机地标工作做了总结，对今年和"十四五"时期的工作做了部署安排。会议指出，2021年包括今后一个时期，绿色有机地标工作要念好"稳""严""实""优""响""新"6字经。绿色有机地标工作取得了哪些成效？发展中又存在哪些问题？"6字经"该如何念？带着这些问题，记者专访了中国绿色食品发展中心主任张华荣。

绿色有机地标工作要念好"6字经"
——访中国绿色食品发展中心主任张华荣

本刊记者 崔建玲

记者： 2020年是极不平凡的一年。新冠肺炎疫情给绿色有机地标工作带来诸多困难和挑战，绿色有机地标事业发展情况如何？

张华荣： 2020年对于绿色有机地标工作是一个"大考年"，面对新冠肺炎疫情带来的诸多困难和挑战，整个工作系统按照党中央决策部署和农业农村部工作要求，齐心协力，攻坚克难，"一手打伞，一手干活"，圆满地交出了大考之年的一份合格答卷。绿色有机地标总量达到历史最高纪录。

可以说，"风景这边更好"。绿色有机地标获证单位新增9615家，产品新增21641个，分别比2019年增长14.6%和11.9%。获证单位总数达到23639家，产品总数达到50295个，同比分别增长18.5%和15.6%。全国已建成绿色食品基地742个，有机农产品基地66个，三产融合发展园区27个。

记者： 在疫情冲击下，2020年绿色有机地标获证总量非但没有减少，反而达到了历史最高纪录，为什么？我们具体是怎么做的？

张华荣： 中心统筹疫情防控和事业发展，及时出台政策措施，打组合拳。组织线上审核，明确续展企业证书有效期顺延至疫情解除后3个月，抽样、现场检测、培训等方面，做了部署应变和妥善安排，有效助力企业加快复工复产。全年近2万名企业内检员完成网上在线培训。同时，对

《中国农村杂志》发表访谈文章

解和推进"三品一标"》《走绿色路 打优质牌 领跑农业高质量发展——全国绿色有机地标农产品工作综述》,《中国农村杂志》发表的《绿色有机地标工作要念好"6字经"——访中国绿色食品发展中心主任张华荣》及《农产品质量与安全》发表的《"十四五"期间我国农产品质量安全工作目标任务及2021年工作重点》《"十四五"时期我国绿色食品、有机农产品和地理标志农产品工作发展方略》《2020年我国绿色食品、有机农产品和农产品地理标志工作成效及2021年工作重点》等文章受到广泛关注,向社会公众宣传绿色有机地标农产品事业发展成效,同时传递了"十四五"时期绿色有机地标农产品新阶段的工作方向。

(三)新媒体宣传

中国绿色食品发展中心"中国绿色食品"和"绿色食品博览"微信公众号平台,通过发布科普文章和绿色食品专题图文、推介优质绿色食品产品、组织线上互动答题等灵活多样的方式,持续宣传绿色理念、标准规范、产品质量、品牌标志等内容,不断探索社会公众和消费者喜闻乐见的传播形式。2021年,两个微信公众号累计发布文章233篇,阅读量160 451人。平台举办的绿色食品宣传月有奖竞答、"规范用标你我他"趣味闯关等活动得到粉丝的热情参与,通过学知识、答题小游戏、排行榜等趣味形式,引导绿色食品从业者规范使用绿色食品标志。活动共吸引了62 287人参与答题,点击量317 863人次,平均答题正确率为91%。

八、境外交流与合作

(一)海峡两岸交流与合作

2021年,中国绿色食品发展中心克服新冠肺炎疫情的持续影响,按照《海峡两岸绿色食品、有机食品交流合作备忘录》框架内容,继续与台湾生态农业暨绿色食品基金会开展交流与合作工作,取得突破性进展。2021年10月21日,中国绿色食品发展中心向台湾2家企业的4个产品颁发了绿色食品证书,分别是台湾爱之味股份有限公司生产的焙煎玄米茶、优质燕麦饮料,青田农产有限公司生产的胚养米、白米。台湾地区企业首次成功获得绿色食品证书,走出了一条两岸合作推进绿色食品工作的新途径，具有里程碑意义。

经过几年的努力，针对台湾地区企业申报绿色食品的工作，在技术标准、检验检测、检查审核、标志管理、专业培训等方面已基本形成可操作的业务框架和流程，并建立起顺畅的工作互动机制。中国绿色食品发展中心将继续加强与台湾生态农业暨绿色食品基金会合作，依托绿色食品品牌的知名度和影响力，吸引更多的台湾优秀企业和特色产品申报绿色食品，助推产品走向大陆市场，分享绿色食品产业为两岸同胞带来的福祉。

（二）境外申请审查

中国绿色食品发展中心克服新冠肺炎疫情影响，积极为境外申报企业提供线上咨询服务和申报便利条件，有力推进产品申报。2021年，组织完成德国帕维特乳品有限公司等4家企业新申报，澳大利亚谷物公司、天津龙威粮油工业公司境外基地等4家续展企业材料审查和线上远程检查等工作。

马来西亚可持续棕榈油专题座谈

2021 年 10 月 18 日，中国-马来西亚可持续棕榈油专题论坛在重庆召开，论坛以"马来西亚可持续棕榈油（MSPO）——共创美好环境、和谐社会与经济价值"为主题，围绕"马来西亚可持续棕榈油在中国的机遇和共赢发展"进行了讨论，进一步推进了中国绿色食品发展中心与马来西亚棕榈油认证委员会合作。

第三篇

中绿华夏有机农产品

西藏高原之宝牦牛乳业股份有限公司牧场

2021 绿色食品发展报告

第三篇　中绿华夏有机农产品

一、产品发展

（一）获证企业与产品

2021 年，中绿华夏有机产品认证中心（以下简称"中绿华夏"）认证有机企业1 267 家，同比增长 3.26％；产品 4 584 个，同比增长 2.64％；共颁发有机产品证书1 788 张。

2021 年全国有机产品发展总体情况

指　标	单　位	数　量
企业数	家	1 267
产品数	个	4 584
证书数	张	1 788
新申报企业	家	216
新申报产品	个	422
新申报证书	张	244
认证面积	万亩	8 197.29
种植业	万亩	252.38
畜牧业	万亩	7 423.91
水产类	万亩	312.18
野生采集	万亩	206.14
加工业	万亩	2.68

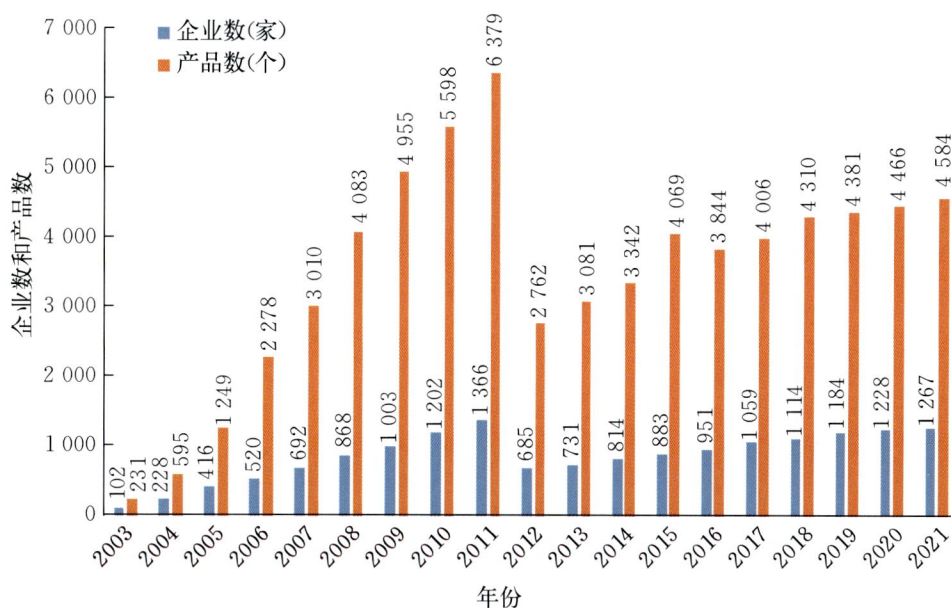

2003—2021 年认证有机产品企业数和产品数

（二）获证产品结构

2021 年，中绿华夏认证的产品中，种植业产品 2 443 个，占 53.29%；畜牧业产品 133 个，占 2.91%；水产类产品 264 个，占 5.76%；野生采集产品 134 个，2.92%；加工业产品 1 610 个，占 35.12%。

2021 年有机产品分类产品发展情况

产 品	产品数（个）	产量（万吨）	基地面积（万亩）
种植业	2 443	133.79	252.34
粮食作物	553	24.72	65.19
薯类	33	2.99	2.84
油料作物	50	5.93	32.14
豆类	183	2.56	26.83
棉花	1	0.002	0.01
糖料	4	9.55	3.96
蔬菜	188	3.30	7.12
水果和坚果	269	20.46	33.86
茶叶	1 026	2.74	19.21
中草药	53	0.80	10.47
饲料原料	83	60.74	50.71
畜牧业	133	238.78	7 423.91
牲畜	110	238.72	7 423.2
家禽	23	0.060	0.71
水产类	264	21.43	312.18
野生采集	134	7.89	206.14
加工业	1 610	75.39	2.68
粮食加工	519	8.03	0.47
其他淀粉制品	8	0.07	0.03
水果坚果加工	266	2.42	0.21
畜产品加工	197	1.54	0.08
渔业产品加工	63	2.46	0.03
食用油	103	3.97	0.42
制糖	8	0.93	0.16
酒类	89	5.86	0.09

（续）

产　品	产品数（个）	产量（万吨）	基地面积（万亩）
饮料	30	0.42	0.05
饼干及其他焙烤食品制造	8	0.000 1	0.000 1
乳品加工	182	49.28	1.11
米、面制品制造	137	0.41	0.03
总计	4 584	477.28	8 197.25

2021 年有机产品结构

产品类别	产品数量（个）	比重（％）
种植业	2 443	53.29
畜牧业	133	2.91
水产类	264	5.76
野生采集	134	2.92
加工业	1 610	35.12
合计	4 584	100

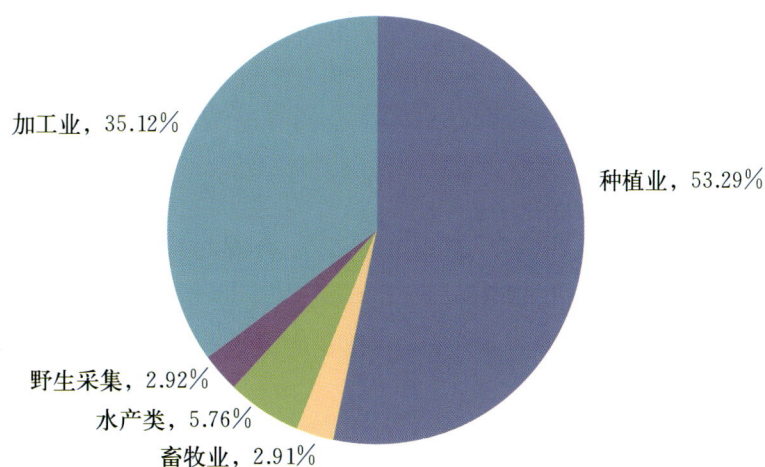

2021 年有机产品结构

（三）区域发展情况

2021 年，中绿华夏认证有机产品企业数最多的 5 个省份是黑龙江省、江苏省、内蒙古自治区、湖北省、湖南省；认证有机产品生产面积最大的 5 个省份是青海省、甘肃省、黑龙江省、四川省、西藏自治区。

2021 年各地区有机产品发展情况

地区	企业数 （个）	产品数 （个）	证书数 （张）	产量 （万吨）	基地面积 （万亩）
总计	1 267	4 584	1 788	477.29	8 197.29
安徽	42	83	59	0.51	9.28
北京	13	47	16	2.26	4.05
福建	45	235	77	4.25	15.10
甘肃	61	238	76	10.63	315.13
广东	31	89	47	0.67	2.79
广西	48	142	67	4.71	30.29
贵州	6	9	7	0.50	5.43
海南	8	16	10	0.09	0.18
河北	45	165	62	5.11	12.65
河南	14	30	21	0.43	0.83
黑龙江	113	821	179	18.89	207.46
湖北	88	223	127	2.70	41.23
湖南	77	286	108	1.24	13.29
吉林	31	148	53	2.28	54.73
江苏	91	228	136	1.66	18.61
江西	24	115	44	2.39	26.21
辽宁	21	85	32	2.73	33.98
内蒙古	88	254	118	159.67	94.58
宁夏	17	53	24	2.53	3.64
青海	29	205	31	11.75	6 365.51
山东	60	185	82	28.97	13.79
山西	37	112	55	1.41	8.25
陕西	7	10	7	1.32	0.77
上海	17	35	24	2.37	9.38
四川	27	63	31	5.99	202.36
天津	0	0	0	0	0
西藏	23	58	29	0.70	137.73
新疆	5	26	8	0.21	69.90
云南	16	59	26	1.50	4.63
浙江	11	33	17	0.60	0.46
重庆	50	118	58	3.84	12.31
境外	122	413	157	195.38	482.74

（四）助力乡村振兴

2021 年，中绿华夏在助力乡村振兴方面主要做了以下几方面工作。

——推动地方政府和农业农村行政主管部门加大对有机农业的扶持力度，指导黑龙江、安徽、河北出台促进有机农业发展的政策意见。中国绿色食品发展中心与内蒙古自治区农牧厅、乌兰察布市签署《共建北方绿色有机旱作农业先行区框架协议》。

——落实农业农村部和中国绿色食品发展中心要求，保持对脱贫地区发展有机农产品优惠政策，巩固拓展脱贫攻坚成果与推进乡村振兴有效衔接，为原国家级贫困县、160 个乡村振兴帮扶重点县、农业农村部定点帮扶县、革命老区、西藏及四省藏区和新疆的 270 家企业减免有机认证费用共计 246 万元。

江西省上饶县全国有机农产品（油菜籽、茶）基地

二、基地建设

全国有机农产品基地建设工作启动于 2010 年，目前涉及水稻、茶叶、畜产品、水果、蔬菜等，是调动企业积极性和发挥政府部门组织优势，共同推进有机农业"连片抱团"发展的有力举措。截至 2021 年底，全国累计建成 86 个有机农产品基地，其中脱贫地区建成 50 个。

推行有机生产是实现农业可持续发展的有效途径，有机农业方兴未艾，潜力巨大。经过多年实践，有机农产品基地已探索出一条通过抓基地建设，积极推动农业绿色转型和高质量发展、实现保护生态环境和促进农业提质增效相统一的新途径，在产业扶贫和乡村振兴中发挥了积极的示范引领作用。

地方典型 1

山西省静乐县全国有机农产品（杂粮）基地

静乐县是中国最大的藜麦种植生产县，被誉为"小杂粮王国"。静乐县以其得天独厚的气候和水土环境与藜麦成功结合，彻底改写了静乐农业生产"广种薄收"的历史。山西省静乐县全国有机农产品（杂粮）基地创建于 2021 年 3 月，建设单位为静乐县农业农村局，基地规模为 3 000 亩。静乐县将有机基地建成"一区十园六大工程四个典范"的国家一流杂粮生产园区，成为静乐县的精品工程、样板工程。基地通过综合开发，发展观光旅游业，推动当地农业产业高质量发展。

　　基地通过优化品种、规范化种植、精细化管理等一系列技术措施，2021年销售收入实现3500万元，贫困户土地流转收入25万元，给当地及周边地区农村剩余劳动力就业岗位530个，工资收入900万元。并辐射带动当地的运输、加工、零售等相关产业发展，社会效益、经济效益和生态效益显著，为实现静乐县"农业增效、农民增收、农村繁荣"的农业发展目标作出积极贡献，有效推动了忻州市实现农业农村现代化的进程。

　　基地建设以来，坚持"绿色兴静、科技领先、共同致富"的发展方针，发挥产、学、研相结合优势。2018年以来基地取得了11个杂粮产品面积共3000亩的有机认证，建立了1万亩的绿色标准化示范基地。同时建立了农产品质量安全监测体系，实现了从种到收的全程质量安全监管，为打造品牌产品提供可靠的原料保障。

　　基地对接企业资产总额2800多万元，其中固定资产1800万元，实现销售收入2800多万元，实现利润130多万元。为贫困户增加土地流转收入17.8万元，为当地村民解决就业岗位516个，为乡村振兴作出积极贡献。

　　原材料的质量直接关系着成品的质量，为保证质量，基地公司成立专门的技术服务和质量管理团队，实行"一环节一人负责制"，技术人员深入到生产一线进行技术指导与质量监管，从农业投入品采购、田间管理、收获、运输、仓储等全程质量溯源管理。技术管理人员实地走访，及时发现并解决农户在种植过程中出现的问题。2021年企业派出技术人员培训农民2000余人次，不仅提高了订单基地农民的种植技能，还保障了产品的产量和质量，取得了种植增产农民增收的良好成效。

　　基地通过优化品种、规范化种植、精细化管理等一系列技术措施，2021年实现销售收入3500万元，贫困户土地流转收入25万元，给当地及周边地区农村剩余劳动力增加就业岗位530个，支付工资900万元。辐射带动当地的运输、加工、零售等相关产业发展，社会效益、经济效益和生态效益显著提高。基地建设为实现静乐县"农业增效、农民增收、农村繁荣"的农业农村发展目标作出了积极贡献，有力推进了忻州市实现农业农村现代化的进程。

地方典型2

安徽省广德市全国有机农产品（茶）基地

广德市位于苏浙皖三省八县交界之地，交通便利，地处北纬 30°黄金产茶带，生态环境优越，森林覆盖率达 60%，是安徽省重点产茶县。2021 年该市茶园面积 12.5 万亩，干茶产量 0.985 万吨，一产产值达 13.6 亿元。近些年，通过有机农产品基地建设带动了当地茶产业及整个县域经济发展，成效显著。

——产业基础不断壮大。培育茶叶主体 340 家，种植面积达 12.5 万亩，年产值 13.6 亿元以上，"广德黄金芽"荣获国家地理标志证明商标、农产品地理标志、全国名特优新农产品、全国有机农产品示范基地、省级农业科技园区（广德黄金芽）、宣城市十大区域公用品牌、安徽省首批有影响力的绿色食品区域公用品牌等荣誉。新杭镇入选全国农业产业（茶叶）强镇建设名单，五合村、太平村、石狮村被评为全国一村一品（茶叶）示范村，广德市是安徽省特色农产品优势区发展试点县，有"中国黄金芽第一县"美誉。

安徽省广德市全国有机农产品（茶）基地

——茶旅融合加快发展。该市形成多条与茶叶有关的精品旅游路线，如大溪坞茶文化基地、金鸡笼万亩茶海、骑趣小镇、原味小镇、海棠小镇、航天基地、贡茶故里等系列茶旅景点，安徽天籁生态农业有限公司牛栏山景区建成全国休闲农业与乡村旅游五星级园区，广德乡野田园采茶体验之旅"广德市-海棠小镇-大溪坞茶园-田之润田园综合体-金鸡笼茶园-太极洞"成功入选中农促茶产业委员会举办的2020年"国际茶日"40条茶乡旅游线路之一，茶旅融合成为改善农村生态环境、丰富市民生活的新载体。

——产业助力乡村振兴。2021年，广德市茶叶产值13.6亿元，其中广德黄金芽种植面积、销售产值、市场占有率均居全国前列。茶产业带动农户3.8万户，占全域农户总数32%；带动农户年均增收7 000元，茶农增收明显；其中带动困难群众513户，年均增收6 500元。"广德黄金芽"作为广德茶叶特色品牌，是广德大力发展"一县一特"的重要体现，是推进乡村振兴的富民产业，成为促进农业农村发展、农民致富增收的新引擎。

三、证后监管

（一）产品抽检

2021年，中绿华夏结合上年度监管情况，对获证的茶叶、大米、葡萄酒、畜禽产品、乳制品等产品进行抽检，同时将湖北、新疆等重点扶持地区的全部获证产品纳入监督抽检，对24省份的482个获证产品进行监督抽检，检测不合格5个，已按程序进行撤销证书的处理，检测合格率为98.96%。

（二）监督检查

中绿华夏结合上年度监管情况和外部监管信息、企业的市场影响力、有机生产管理复杂程度以及国家七部委下发的《食用农产品"治违禁 控药残 促提升"三年行动方案》等，对青海、福建、黑龙江、广西、江西、山西、山东、安徽、湖南、湖北、江苏、内蒙古 12 省份的 62 家获证企业进行了不通知检查，均未发现不合格情况。

四、品牌与市场

（一）市场推介

2021 年，中绿华夏在江苏南京举办了市场推介会，盒马鲜生、苏宁易购等多家采购商与获证企业达成初步的采购意向，为北京地区有机餐厅联络有机企业提供食材，为有机企业拓展网络直播销售渠道，在网站上推出"企业风采"展示栏目，目前第一批已有 100 家优秀企业上线。

（二）品牌宣传

2021 年中绿华夏上线运行了新版网站，新增网站互动功能，增强网站专业服务性。做好微信公众号运营，华夏有机农业公众号本年度共推送内容 72 期，总阅读量达 3.7 万多人次。

五、体系队伍建设

（一）地区工作站

批准设立安徽、重庆 2 家地区工作站。目前已建成浙江、内蒙古、广东、安徽、重庆地区工作站 5 家，对所在地区有机农业发展、研究及推广等起到了积极作用。

（二）注册检查员

2021 年，中绿华夏共举办 3 次线上和 1 次线下有机检查员技能培训，培训检查员 450 人次，进一步加强了有机产品认证检查员队伍建设，提升了检查员能力水平。截至 2021 年底，中绿华夏共有国家注册检查员 327 人（专职 297 人），实习检查员 1 人。其中，高级检查员 77 人，见证评价人员 33 人。

（三）企业内检员

为帮助企业进一步了解有机产品认证监督管理的相关法律法规和政策，中绿华夏举办企业内部检查员线上和线下培训班，并配合河北、重庆、安徽等省级工作机构，举办了当地企业内检员培训班，就有机产品新国家标准、有机认证注意事项、证后监管及标志使用相关要求分别进行了专题讲解，培训企业内检员 629 人。截至 2021 年底，中绿华夏已注册企业内部检查员 1 906 人。

六、境外认证与合作交流

（一）境外认证

2021 年，境外新申报企业 29 家，项目 37 个。截至 2021 年底，共有 32 个国家和地区的 90 家企业 420 个产品通过了中绿华夏有机认证。保持了中绿华夏在境外认证业务上的领先地位。

（二）境外交流与合作

中绿华夏积极拓展境外合作，继续巩固与澳大利亚 ACO、NCO、AOFRC，日本 JONA、智利 BioAudita、拉脱维亚 STC、丹麦 COFC‑EU、英国 CCIC London、德国 Sellbio、意大利 FederBio 等 10 家境外机构的合作关系，为提升中绿华夏品牌影响力、拓展境外认证业务奠定了基础。

2021

绿色食品发展报告

第四篇

农产品地理标志

国家地理标志农产品"霍山黄芽"种植基地

2021 绿色食品发展报告

第四篇 农产品地理标志

一、产品发展

（一）制度建设

1. 修订配套技术规范　为适应事业高质量发展需求，规范登记审查工作，坚持规范性、科学性、严格性和应用性原则，在《农产品地理标志管理办法》框架下，中国绿色食品发展中心组织对 14 项登记技术规范进行系统梳理，3 月底发布新版技术规范体系，共计 11 个。新版技术规范体系提高了准入门槛，明确了技术要求，严格了审查环节，优化了工作流程。

2. 实行登记数量控制　4 月 19 日，中国绿色食品发展中心印发了《关于进一步提高农产品地理标志登记管理质量的通知》，对各地发展数量实现指标控制，引导树立高质量发展导向。

3. 成立品质评价中心　联合中国农业科学院农业质量标准与检测技术研究所成立地理标志农产品品质评价中心，加强产品品质特征挖掘、指标体系构建和分析技术支撑。

（二）产品登记

2021 年，新登记农产品地理标志 364 个，其中，脱贫地区登记 60 个，涉及 18 个省份 74 个县（市、区）；国家农产品质量安全县登记 93 个，国家乡村振兴重点帮扶县登记 16 个。

2021 年，全国累计登记农产品地理标志 3 454 个，其中，脱贫地区登记 906 个，占登记总数的 26.2％，涉及 23 个省份 455 个县（市、区），占脱贫县总数的 54.7％。

（三）产品结构

2021 年，全国累计登记的地理标志农产品中，种植业类产品 2 661 个，占比 77.0％。其中，果品类产品 942 个，占登记产品总数的 27.3％；蔬菜类产品 590 个，占登记产品总数的 17.1％；粮食类产品 413 个，占登记产品总数的 11.9％；茶叶类产品 235 个，占登记产品总数的 6.8％；药材类产品 230 个，占登记产品总数的 6.6％。

全国共登记畜牧业产品 523 个，占比 15.1%；渔业产品 270 个，占比 7.8%。

（四）区域分布

全国已登记的地理标志农产品中，北京、天津、河北、山东、江苏、上海、浙江、福建、广东、海南 10 个东部地区省份共登记 952 个，占比 27.6%；山西、安徽、江西、河南、湖北、湖南 6 个中部地区省份登记 869 个，占比 25.5%；内蒙古、广西、重庆、四川、贵州、云南、西藏、陕西、甘肃、青海、宁夏、新疆 12 个西部地区省份登记 1 340 个，占比 38.8%；辽宁、吉林、黑龙江 3 个东北地区省份登记 293 个，占比 8.1%。

（五）工作机构

截至 2021 年，全国共有省级农产品地理标志工作机构 45 家，地理标志农产品品质鉴定检测机构 98 家。

地方典型 1

四川绵阳立足"三新"用活地标做强特色产业

"绵州有个涪城园，白鹤起舞桑满田"，这是四川绵阳人对国家地理标志农产品"涪城蚕茧"生产基地美景的生动描绘。绵阳市涪城区独特的气候特点和自然环境宜桑宜蚕，自古就是蚕茧优质产区和重要发源地之一，更是"嫘祖故里"。近年来，涪城区坚持将蚕桑产业作为主导产业，以保护与发展地理标志农产品"涪城蚕茧"为核心，立足创新机制、创新技术、创新业态，不断推动蚕桑产业上档升级，形成了一二三产业深度融合发展模式。带动 9 300 户农民栽桑养蚕，养蚕农户人均可支配收入达到 2.88 万元，高出全区平均水平 23.3%。"涪城蚕茧"缫制的超 6 A 级生丝出口欧洲，被指定为 APEC 会议、G20 峰会领导人服装和礼品原料，也是 CHANEL 等国际知名品牌的专属原料。

1. 立足新机制，壮大特色产业 涪城区将体制机制改革作为"涪城蚕茧"发展的"金钥匙"，建立起"政府引导、企业主体、农户共享"的联结机制，实现蚕桑产业突破发展。

国家地理标志农产品"涪城蚕茧"

——建政府扶持机制。精准制定实施人才、土地、信息、科技、资金5大方面30余项支持政策。整合各类资金2.3亿元，支持蚕桑产业规划布局、基础设施建设、科技创新。

——建利益联结机制。构建"12字"四位一体的利益分配机制，让农户充分享受产业发展红利。累计分红、返租、奖励1.1亿元，发展返包大户近500户。

——建服务保障机制。以省级龙头企业天虹丝绸为龙头，建立蚕桑产业联合体。由企业为农户建高标准桑园、蚕棚和蚕台，印制技术规范，统一配置省力化机具，整合250余名技术服务力量，为农户全程提供产前、产中、产后服务。

2. 立足新技术，提升硬核实力

围绕涪城蚕茧产品高端供给，精心打造优质一流茧丝，"涪城蚕茧"和"七彩之虹"精品生丝在中国纤检局公布的抽样检验中，各单项及综合指标连续四年排名全国第一。

——夯实蚕业科研。邀请中国工程院院士向仲怀成立院士工作站，引进、培育高级专业技术人才52名，带动培养一线专业技术人员近200名。与科研院所合作，研发专利产品近40项，推广应用蚕业科技成果20余项。

——加强技术革新。建成智能化养蚕大棚260个、共育室120个，投用耕作、剪收装备，机械化作业率达75.5%。新建自动缫丝生产线3组，不断提升生产能力。

——强化特色品质。增强地理标志农产品品种的提纯复壮及扩繁，引进优质蚕种、桑树品种10余个，良种覆盖率100%。推广仪评收茧、雄蚕饲育等先进实用技术7项。

3. 立足新业态，传承蚕桑文化　围绕增强蚕桑产业后劲，涪城坚持推进三产融合，不断延伸产业链，提高产业附加值。一是多途径开发蚕桑新产品。先后开发精品蚕丝、桑果产品、桑叶茶、桑枝食用菌等系列产品12个。建成以蚕沙、桑枝条为原料的有机肥厂1座。二是多方位挖掘蚕桑新文化。谱写宣传涪城蚕茧歌曲《蚕乡故事》。发掘蚕桑文化及景观资源，建成蚕桑农业主题公园、"千鹤桑田"蚕桑文化广场、"杨家绣房"蜀绣馆等，年接待游客17万人次，产值近1 500万元。

涪城区以地标产品为切入点，拓展产业链、价值链，促进涪城蚕桑产业做大做强做优，将"涪城蚕茧"打造为全国优秀农产品区域公用品牌，为夯实乡村产业基础、推进乡村全面振兴提供有力支撑。

地方典型2

浙江余杭打造地标样板 助推径山茶产业高质量融合发展

径山茶作为浙江省杭州市余杭区历史文化名茶，凭借优异的品质、规范的管理和深厚的文化底蕴，成为名副其实的余杭农产品"金名片"。径山茶于2019年获得农产品地理标志登记保护，同年实施国家地理标志农产品保护工程项目。全区现有茶园面积 7.15 万亩，年总产量超 9 000 吨，总产值 9 亿余元。主要做法如下。

国家地理标志农产品径山茶种植基地

1. 立足绿色兴农，推行标准化绿色生产。

——加大政策引导。围绕"种茶、做茶、卖茶、讲茶"4 篇文章，余杭区出台《关于进一步加快径山茶产业发展的实施意见》，全力打造一条品牌价值超 30 亿元的茶产业链。

——发展绿色食品。针对本地径山茶生产主体条件参差不齐的现状，以"企业＋小农户"或者"合作社＋小农户"的模式开展绿色食品生产，示范带动全区径山茶生产主体。

——统一按标生产。调查生产中常见病虫害及农药使用情况，结合径山茶质量控制措施、制茶工艺等，制定符合绿色食品质量认定要求的操作规程，形成径山茶区级地方标准，并制作成生产模式图发放给径山茶生产主体，推进生产技术规范落地，解决标准推广"最后一米"问题。

2. 强化质量安全，落实规范化全程监管

——加强行业主体监管。强化行业协会行业管理，实行径山茶"六统一"管理模式，推进地标农产品分等分级，实现优质优价；推行农产品质量网格化监管，提升改造"径山茶农资指定供销点"15 个；推广绿色食品标准化生产，辐射带动全区生产主体开展绿色生产，保障质量安全。

——规范用标授权行为。扩大地标农产品授权使用范围，统一包装用标，防止盗用冒用。举办径山茶包装创新设计大赛，规范径山茶包装和用标，进一步提升径山茶品牌形象。

——推进数字化全过程监管。立足数字赋能，搭载 5G 技术，依靠区块链＋物联网，规范提升追溯制度，落实食用农产品达标合格证制度，将获证主体纳入追溯平台监管，建设径山茶质量安全追溯平台，运用"农安码合格证"等信息技术，建立地标农产品生产加工销售各环节产品标识和追溯制度，实现数字化全过程监管。

3. 树立精品意识，推进品牌化提升发展

——加强品牌保护。通过从企业规模、厂区环境、车间要求、库房要求、生产设备要求、产品防护要求及管理制度 7 个方面对径山茶企业开展茶厂星级评定，规范提升茶厂生产及建设水平，努力打造生产能力强、设施装备优、园区环境美的标准化茶业园区。

——强化品牌宣传。为巩固径山茶品牌特色，进一步提高径山茶品质特色，每年举办径山茶茶王赛活动，设金茶王奖、银茶王奖、铜茶王奖。通过举办活动，在径山茶企之间形成"比学赶帮超"的良好氛围，对茶叶品质提升起到积极作用。径山茶企业参加中国国际茶叶博览会、浙江绿茶（银川）博览会等，多次获得金奖等荣誉，成功入选中国茶业品牌馆。

——提升品牌价值。以打造"径山茶天下，天下径山茶"为目标，开展径山茶人文及禅茶文化开发，恢复"径山茶宴"和径山抹茶工艺，传承禅茶文化。

二、保护工程

2021年是贯彻落实国务院决策部署，实施地理标志农产品保护工程的第三年。4月，印发了《农业农村部　财政部关于做好2021年农业生产发展等项目实施工作的通知》，6月，印发了《农业农村部办公厅关于做好2021年地理标志农产品保护工程实施工作的通知》，安排中央财政转移支付农业生产发展资金10亿元，在全国范围内继续支持200个地理标志农产品发展。围绕特色资源发掘、特色产业发展和农耕文化发扬，推进地理标志农产品生产标准化、产品特色化、身份标识化和全程数字化。

各地农业农村部门会同财政等有关部门，克服新冠肺炎疫情不利影响，强化资金落实和组织实施，共落实中央专项资金8.1亿元，配套资金2.34亿元，支持了245个地理标志农产品的发展，取得了良好成效。

1. 培优了一批区域特色品种　建设提升特色品种繁育基地290个。加大稀有种质资源发掘，拯救保护了一些地方特色品种。开展品种提纯、复壮和改良，培优了一批特色品种，提升了地理标志农产品特色品种保障能力。

国家地理标志农产品"建德草莓"基地

2. 壮大了一批乡村特色产业　发挥政策引导作用，带动各方参与，做强做优乡村特色产业。支持产品覆盖种植、养殖和采集规模 2 356 万亩，实现产值约 1 658 亿元。建设提升核心生产基地 421 个，改善生产设施，推行清洁生产，强化仓储保鲜，适度延长产业链。每个产品打造了 1 个以上年销售超过 2 000 万元的主导企业，平均促进了 15 家企业、合作社、种养大户等规模经营主体发展。

3. 唱响了一批乡土区域品牌　坚持以地理标志农产品农耕文化为核心，上下联动、点面结合，打造一批传得开记得住的地理标志农产品乡土品牌。组织拍摄地理标志农产品专题纪录片《源味中国》。启动国家地理标志农产品展示馆建设。举办地标农产品中国行活动。举办地理标志农产品为主题的文化节、采摘节、丰收节等活动 340 场次，举办产品推介活动 697 余场次，积极开展电视、报纸和短视频、网络直播等宣传，地理标志农产品整体认知度和产品品牌知名度不断提升。

4. 建立了一套质量品质保障体系　完善了 245 个产品的质量控制技术规范体系，按规生产培训超 17.46 万人次，深入推进标准进企入户。产品纳入农产品质量安全追溯管理。地理标志农产品与绿色食品、有机食品、承诺达标合格证制度融合应用有效推广，加强了种养过程管控，品质保障能力不断提高。

5. 带动了一方农民增收致富　积极探索建立地理标志农产品产业发展和农户的利益联结机制，将发展利益更多与农民共享。全年共带动约 95.4 万户农户增收约 72 亿元。如盐池滩羊肉连续实施地理标志农产品保护工程，已成为盐池百姓的致富羊，全县农民人均收入的一半来自滩羊产业。共支持了 53 个乡村振兴重点县产品，助力巩固拓展脱贫攻坚成果与乡村振兴有效衔接。

6. 形成了一套持续发展机制　以政府为引导、市场为主导，政府、企业、科研院所和农民等多方积极参与的地理标志农产品保护和发展机制初步形成。引导地方出台配套支持政策，比如江苏将地理标志农产品纳入省高质量发展和乡村振兴计划，实施省级地理标志农产品保护。加强与欧盟、RCEP、日本等区域和国家的合作，中欧地理标志协定于 2021 年正式生效，农业农村部推荐了 89 个地理标志农产品列入互认名录，推动地理标志农产品"走出去"。

三、证后监管

落实农业农村部农产品质量安全专项整改"治违禁 控药残 促提升"部署，组织对"三棵菜"（芹菜、韭菜、豇豆）地理标志农产品开展证后监测。组织对内蒙古、江苏、浙江、安徽、福建、江西、山东、河南、湖北、广东、四川、贵州、甘肃、青海、宁夏、新疆16个省份的蔬菜、药材、茶叶、畜牧产品、水产品5类地理标志农产品开展质量安全指标和特色品质指标监测。

四、业务培训

7月15～16日，农业农村部农产品质量安全监管司与中国绿色食品发展中心在北京举办了地理标志农产品保护工程培训班。培训班总结了2020年保护工程实施情况，公布了保护工程绩效考核结果，对2021年保护工程重点工作进行了部署。此外，培训班还安排了项目资金管理、绩效考评内容等专题讲座，并进行了典型经验交流。业务培训有效提升了相关人员的项目管理能力。

广西凤山县地理标志农产品中国行公益培训活动

五、品牌宣传

1. 知识产权宣传 第21个全国知识产权宣传周期间，以"加强地理标志农产品保护，推动构建产业新发展格局"为主题，制作了专题宣传片和电子展板，进行云宣传，并联合安徽、湖南进行线下宣传。

2. 品牌价值评价 继续组织参加地理标志农产品品牌价值评价活动，2021年共有158个地理标志农产品参与此次评价活动，其中安溪铁观音、南丰蜜橘、中宁枸杞等31个产品进入区域品牌（地理标志）百强榜。

3. 典型案例征集 6月，农业农村部办公厅印发了《关于开展地理标志农产品保护与发展典型案例征集的通知》，全国范围内共收到188个案例，经过初审、专家评审，择优遴选了典型案例。

4. 地理标志农产品中国行 9月，在农业农村部农产品质量安全监管司指导下，联合农民日报社开展2021年地理标志农产品中国行（宁夏站）活动，举办地理标志农产品保护与发展线上公益培训，线上参与超过10万人次。此外，组织井冈红米和江津

国家地理标志农产品"黄岩蜜橘"

花椒地理标志农产品在中国共产党历史展览馆实物展出。开展地理标志农产品红色故事征集，共征集到 74 个红色故事。

六、国际合作

2021 年 3 月 1 日，《中华人民共和国政府与欧洲联盟地理标志保护与合作协定》正式生效。中欧双方各 275 个地理标志产品纳入保护范围，涉及酒类、茶叶、农产品、食品等。保护分两批进行，首批互认的各 100 个地理标志农产品于 2021 年 3 月 1 日起开始保护，其中包括农业农村部推荐的 35 个地理标志农产品；第二批各 175 个地理标志农产品将于协定生效后 4 年内完成相关保护程序，其中包括农业农村部推荐的 54 个地理标志农产品。协定生效后将进一步激发中欧农产品贸易的潜力，有利于中国特色农产品获得欧盟消费者的认可、打开欧盟市场，助推相关企业扩大投资。

外商考察四川涪城蚕桑基地

2021

绿色食品发展报告